KB230938

초등 독해의 시작과 완성을 왓츠 리딩과 함께하세요!

왓츠 리딩, 수많은 후기가 증명합니다!

제가 **지금까지 본 리딩 교재 중에서 단연코 최고**라고 생각되어 지인에게 권유까지 했네요. 리딩은 챕터마다 지문의 연관성, 단어의 반복을 통해 아이가 새로운 어휘를 잘 익힐 수 있게 구성해 놓았습니다.
s********4

내용 구성이 흥미로워서 아이가 즐겁게 학습하고 있어요. 리딩 학습서로뿐만 아니라, **상식을 얻기에도 너무 좋은 교재**.
m********n

한 지문에 대해 **다양한 문제와 복습 커리큘럼**으로 구성이 좋아요.
se*******

아이 스스로 읽고 문제 푸는 게 부담 없는 분량이고 지문 내용이 다양해서 참 재미있어합니다~~ 책 레벨이 세분화 되어있어서 아이 수준에 맞게 고를 수 있어요! 80A부터 시작했는데 일주일에 2~3번씩 한 게 벌써 네 권째 왓츠 리딩이네요~!
h*****e

전공자인 제가 봐도 **구성과 내용이 매우 좋습니다.** 나와 있는 **지문도 재미있고** 내용이 알찹니다. 아이도 매우 재미있어합니다. 단어장도 있고, 워크북에 문법 학습도 잘되어있습니다. 답지도 **혼자 공부하거나, 가정에서 엄마표로 지도하기에도** 정말 잘되어있습니다.
v******9

단어 읽기 가능한 초등학생이 재미있게 읽을 수 있는 교재네요. 주제가 다양하고 주제에 접근하는 방식도 다양해서 **아이들이 읽기에서 시각을 넓힐 수 있어서 좋아요.** 단어랑 본문 듣기도 가능해서 어휘 듣기 발음도 같이 잡을 수 있고 귀여운데 깔끔한 구성이 아주 좋아요.
a******l

이 책 시리즈의 마지막이라는 게 아쉬워요. **너무 좋아서 처음부터 끝까지 다 샀어요.**
ch******

*예스24와 교보문고 인터넷 서점의 실제 "구매평"을 바탕으로 구성하였습니다.

① **촘촘한 단계별 구성**　　학년과 수준에 맞춰 선택할 수 있는 세분화된 레벨

② **단어 및 문법 학습**　　단어장과 워크북으로 단어 및 문법 학습까지 자연스럽게 가능

③ **자기주도 학습**　　혼자서도 공부하기 쉬운 구성과 분량으로 자기주도 학습 가능

④ **재미있고 다양한 지문**　　다양한 주제와 흥미로운 지문 내용으로 재미+배경지식까지

⑤ **효율적인 복습 및 연계 학습**　　각 지문의 복습과 관련된 다양한 문제들로 학습 효과 최대화

저자

김기훈	現 ㈜ 쎄듀 대표이사
	現 메가스터디 영어영역 대표강사
	前 서울특별시 교육청 외국어 교육정책자문위원회 위원
저서	천일문 〈입문편 · 기본편 · 핵심편 · 완성편〉 / 초등코치 천일문
	천일문 GRAMMAR / 천일문 Writing / 왓츠 Grammar
	Oh! My Grammar / Oh! My Speaking / Oh! My Phonics
	E.G.U 시리즈 / 어휘끝 / 어법끝 / 쓰작
	리딩 릴레이 / Grammar Q / Reading Q / Listening Q 등

쎄듀 영어교육연구센터

쎄듀 영어교육센터는 영어 콘텐츠에 대한 전문지식과 경험을 바탕으로
최고의 교육 콘텐츠를 만들고자 최선의 노력을 다하는 전문가 집단입니다.

장혜승 선임연구원 · **김지원** 전임연구원 · **오주연** 연구원 · **박소민** 연구원

마케팅	콘텐츠 마케팅 사업본부
영업	문병구
제작	정승호
인디자인 편집	류화진
디자인	스튜디오 에딩크
일러스트	랑만 · 신단고
영문교열	James Clayton Sharp

펴낸이	김기훈 김진희
펴낸곳	㈜쎄듀/서울시 강남구 논현로 305 (역삼동)
발행일	2025년 1월 2일 초판 1쇄
내용 문의	www.cedubook.com
구입 문의	콘텐츠 마케팅 사업본부
	Tel. 02-6241-2007
	Fax. 02-2058-0209
등록번호	제22-2472호
ISBN	978-89-6806-447-0
	978-89-6806-446-3 (세트)

CEDU(쎄듀)는 A **C**omprehensive **E**nglish e**DU**cation(종합적 영어교육)의 약자입니다.

왓츠 리딩

What's Reading

Words
30|40

• 단어 쓰기 노트 •

Summer Fruit

⭕ 다음 단어의 뜻을 확인하고, 세 번씩 따라 써보세요.

summer [sʌ́mər]	여름	
large [lɑ:rdʒ]	(크기가) 큰	
sweet [swi:t]	달콤한	
juicy [dʒú:si]	즙이 많은	
healthy [hélθi]	건강에 좋은	
inside [ìnsáid]	안에, 안쪽에	
outside [àutsáid]	겉에, 바깥에	
seed [si:d]	씨, 씨앗	
perfect [pə́:rfikt]	완벽한	
hot [hɑt]	더운, 뜨거운	

A Sweet Summer Snack

⬡ 다음 단어의 뜻을 확인하고, 세 번씩 따라 써보세요.

snack [snæk]	간식	
today [tədéi]	오늘	
make [meik]	만들다	
cut [kʌt]	자르다	
watermelon [wa:tərmèlən]	수박	
bring [briŋ]	가져오다	
bowl [boul]	(우묵한) 그릇, 볼	
put [put]	놓다, 두다	
soda [soudə]	탄산음료	
milk [milk]	우유	
add [æd]	더하다, 추가하다	
ice [ais]	얼음	
mix [miks]	섞다	
everything [évriθìŋ]	모든 것	
ready [rédi]	준비가 된	

A Day with My Family

⭕ 다음 단어의 뜻을 확인하고, 세 번씩 따라 써보세요.

Sunday [sʌ́ndei]	일요일	
morning [mɔ́ːrniŋ]	아침	
clean [kliːn]	청소하다, 닦다	
bedroom [bédrù(ː)m]	침실	
kitchen [kítʃən]	부엌	
bathroom [bǽθrù(ː)m]	화장실	
noon [nuːn]	정오, 낮 12시	
everyone [évriwʌ̀n]	모두, 모든 사람	
hungry [hʌ́ŋgri]	배고픈	
lunch [lʌntʃ]	점심 식사	
table [téibl]	테이블, 식탁	
dessert [dizɜ́ːrt]	디저트, 후식	

A Family Meal

⭕ 다음 단어의 뜻을 확인하고, 세 번씩 따라 써보세요.

meal [miːl]	식사, 끼니	
good [gud]	좋은	
body [bὰdi]	몸, 신체	
eat [iːt]	먹다	
more [mɔːr]	더 많은	
less [les]	더 적은	
fruit [fruːt]	과일	
vegetable [védʒtəbl]	채소	
fast food	패스트푸드	
soda [soudə]	탄산음료	
cook [kuk]	요리하다	
together [təgéðər]	함께	
talk [tɔːk]	말하다, 이야기하다	
happy [hǽpi]	행복한	

My Best Friends

O 다음 단어의 뜻을 확인하고, 세 번씩 따라 써보세요.

friend [frend]	친구	
best friend	가장 친한 친구	
eye [ai]	눈, 눈동자	
wear [wɛər]	(옷 등을) 입다, 신다, 쓰다	
glasses [glæsəz]	안경	
short [ʃɔːrt]	짧은	
long [lɔ(ː)ŋ]	긴	
hair [hɛər]	머리(카락)	
just [dʒʌst]	꼭, 딱	
like [laik]	~와 같이, ~처럼	
blond [blɔnd]	금발의	

Good Friends

○ 다음 단어의 뜻을 확인하고, 세 번씩 따라 써보세요.

help [help]	돕다	
anything [éniθìŋ]	무엇이든	
listen to	듣다, 귀 기울이다	
give [giv]	주다	
give advice	조언을 주다	
learn [lə:rn]	배우다	
lesson [lésən]	교훈	
understand [ʌndərstǽnd]	이해하다	
other [ʌ́ðər]	다른 사람	
become [bikʌ́m]	~해지다, ~이 되다	
strong [strɔ(:)ŋ]	강한	
stronger [strɔ(:)ŋgər]	더 강한	
better [bétər]	더 좋은, 나은	
people [pí:pl]	사람들	

A Fun Festival

○ 다음 단어의 뜻을 확인하고, 세 번씩 따라 써보세요.

festival [féstivəl]	축제	
join [dʒɔin]	함께하다	
culture [kʌ́ltʃər]	문화	
between [bitwíːn]	~ 사이에	
elementary school	초등학교	
gym [dʒim]	체육관	
taste [teist]	맛보다	
food [fuːd]	음식	
around the world	전 세계의, 전 세계로	
different [dífərənt]	다른	
travel [trǽvəl]	여행하다	
miss [mis]	놓치다	

In the Classroom

🟠 다음 단어의 뜻을 확인하고, 세 번씩 따라 써보세요.

classroom [klǽsrù(:)m]	교실	
ready [rédi]	준비가 된	
learn [ləːrn]	배우다	
bring [briŋ]	가져오다	
kind [kaind]	친절한	
others [ʌðərz]	다른 사람들	
fall asleep	잠들다	
raise [reiz]	들어 올리다	
speak [spiːk]	말하다	
shout [ʃaut]	외치다, 소리 지르다	
answer [ǽnsər]	답	
on time	제시간에, 정각에	
late [leit]	늦은, 지각한	
follow [fálou]	따르다	
rule [ruːl]	규칙	

A Day at the Mart

○ 다음 단어의 뜻을 확인하고, 세 번씩 따라 써보세요.

mart [mɑːrt]	마트, 슈퍼마켓	
push [puʃ]	밀다	
cart [kɑːrt]	카트	
stop [stɑːp]	멈추다	
get [get]	얻다, 구하다	
chicken [tʃikin]	닭고기	
tonight [tənáit]	오늘 밤	
onion [ʌnjən]	양파	
tomato [təmeitou]	토마토	
butter [bʌ́tər]	버터	
cheese [tʃiːz]	치즈	
snack [snæk]	간식	
pick up	집다, 들어 올리다	
favorite [féivərit]	가장 좋아하는	
cookie [kúki]	쿠키	

Yard Sale

◯ 다음 단어의 뜻을 확인하고, 세 번씩 따라 써보세요.

yard [jɑːrd]	마당	
visit [vízit]	방문하다	
like [laik]	~와 비슷한, 같은	
small [smɔːl]	작은	
market [máːrkit]	시장	
owner [óunər]	주인, 소유자	
sell [sel]	팔다	
many [méni]	많은	
new [nuː]	새로운	
cheap [tʃiːp]	값이 싼, 저렴한	
enjoy [indʒɔ́i]	즐기다	
save [seiv]	절약하다, 아끼다	
money [mʌ́ni]	돈	
find [faind]	발견하다, 찾다	
treasure [tréʒər]	보물	

Hot Summer

◯ 다음 단어의 뜻을 확인하고, 세 번씩 따라 써보세요.

day [dei]	1. 낮 2. 하루
playground [pleigráund]	놀이터
slide [slaid]	미끄럼틀
sit [sit]	앉다
under [ʌ́ndər]	~ 아래에
keep [ki:p]	유지하다, 계속 ~하게 하다
cool [ku:l]	시원한
night [nait]	밤
sleep [sli:p]	(잠을) 자다
open [óupən]	열다
window [wíndou]	창문
breeze [bri:z]	산들바람, 미풍
blow [blou]	불다

Fun Summer

⭕ 다음 단어의 뜻을 확인하고, 세 번씩 따라 써보세요.

fun [fʌn]	재미있는	
play [plei]	놀다	
sun [sʌn]	햇볕, 햇빛	
careful [kɛ́ərfəl]	조심하는	
wear [wɛər]	(옷 등을) 입다, 신다, 쓰다	
drink [driŋk]	마시다	
enough [inʌ́f]	충분한	
exciting [iksáitiŋ]	신나는, 흥미진진한	
swim [swim]	수영하다	
deep [di:p]	깊이, 깊게	
safe [seif]	안전한	

Colorful Flowers

⊙ 다음 단어의 뜻을 확인하고, 세 번씩 따라 써보세요.

colorful [kʌ́lərfəl]	알록달록한	
flower [fláuər]	꽃	
tall [tɔːl]	높은	
building [bildiŋ]	건물	
look [luk]	~해 보이다	
shiny [ʃaini]	빛나는	
see [siː]	보다, 보이다	
color [kʌ́lər]	색	
city [síti]	도시	
gray [grei]	1. 어두운 2. 회색의	
find [faind]	찾다, 발견하다	
weak [wiːk]	약한	
strong [strɔ(ː)ŋ]	튼튼한, 강한	
water [wa:tər]	물을 주다	

grow [grou]	자라다, 성장하다	
become [bikʌ́m]	~해지다, ~이 되다	

Arctic Foxes

⬡ 다음 단어의 뜻을 확인하고, 세 번씩 따라 써보세요.

change [tʃeindʒ]	바꾸다, 변하다	
winter [wíntər]	겨울	
hide [haid]	숨다	
snow [snou]	눈	
fur [fəːr]	털	
long [lɔ(ː)ŋ]	긴	
short [ʃɔːrt]	짧은	
thick [θik]	두꺼운, 숱이 많은	
thin [θin]	얇은, 숱이 적은	
stay [stei]	~인 채로 있다, 머무르다	

warm [wɔːrm]	따뜻한	
grass [græs]	풀	

Colors of the Sky

⭕ 다음 단어의 뜻을 확인하고, 세 번씩 따라 써보세요.

upset [ʌpsét]	속상한	
want [wɑnt]	원하다, ~하고 싶다	
paint [peint]	(물감으로) 그리다	
watch [wɑtʃ]	보다, 지켜보다	
sun [sʌn]	1. 해, 태양 2. 햇볕, 햇빛	
go down	(해가) 지다	
again [əgén]	다시, 한 번 더	
mix [miks]	섞다	
perfect [pə́ːrfikt]	완벽한	

Unit 16 Red and Yellow

⚪ 다음 단어의 뜻을 확인하고, 세 번씩 따라 써보세요.

around [əráund]	~ 주위에, 주변에	
look around	둘러보다	
may [mei]	~일지도 모른다, 아마 ~일 것이다	
restaurant [réstərənt]	음식점, 식당	
sign [sain]	간판, 표지판	
these [ði:z]	이 ~, 이것들의	
feel [fi:l]	느끼다, ~한 기분이 들다	
hungry [hʌ́ŋgri]	배고픈	
comfortable [kʌ́mfərtəbl]	편안한	
visit [vízit]	방문하다	
eat [i:t]	(음식을) 먹다, 식사를 하다	

MEMO

Words
30|40

초등 독해, 왜 <왓츠 리딩> 시리즈일까요?

대부분 유아나 초등 시기에는 영어에 흥미를 가지게 하려면 재미있는 동화나 짧은 이야기, 즉 '픽션' 위주의 읽기로 접근합니다.

그러나 학년이 높아짐에 따라 각종 시험에 출제되는 거의 대부분의 것은 **유익한 정보나 지식, 교훈 등을 주거나, 핵심 주제를 파악하여 글쓴이의 관점을 이해하는 것이 필요한 '논픽션' 류**입니다.

<왓츠 리딩> 시리즈는 학습자들이 영어 읽기에 대한 흥미를 유지하면서 논픽션 읽기에 자신감을 얻을 수 있도록, 픽션과 논픽션의 비율을 50:50으로 구성하였습니다. 교과 연계된 주제를 기반으로 지문을 구성하여, 다양한 분야의 배경지식과 주요 단어를 지문 안에서 자연스럽게 익힐 수 있습니다.

1 교육부 권장 필수 단어 수록

독해의 기초가 되는 어휘력은 필수입니다. **<왓츠 리딩> 시리즈**는 교육부 권장 초등 필수 단어를 주제별 핵심 단어로 선정하여, 단계별 활동을 통해 자연스럽게 복습 및 확장 학습 가능하도록 설계하였습니다.

2 문장 이해력을 높이는 수준별 학습

지문 하나를 읽더라도 정확하게 문장을 해석하면서 문장과 문장 간의 연결을 이해하는 것이 중요합니다. **<왓츠 리딩> 시리즈**는 단어 수와 세분화된 문장 난이도의 지문들로 구성된 수준별 독해 학습서입니다. 처음 독해를 시작하는 학습자들이 부담스럽지 않게 반복되는 패턴 문장으로 문법 규칙을 익히면서 자연스럽게 독해의 정확성을 높일 수 있습니다.

3 교과 연계 주제의 다양한 글감과 단계별 문항

익숙한 일상소재뿐만 아니라 학습자들의 유익하고 풍부한 읽기 경험을 위해 다양한 글감을 바탕으로 지문을 구성했습니다. 또한 체계적인 독해 학습을 위해 단계별 문항을 제시하여, 글의 중심 생각, 세부 내용 등을 파악하고 분석하면서 글을 이해할 수 있습니다.

왓츠 리딩으로 이렇게 공부해요!

STEP 1 주제별 핵심 단어 학습하기

- 글을 읽기 전에 단어를 미리 학습하면 글의 내용을 쉽게 파악할 수 있고 읽기에 더 집중할 수 있어요. QR코드로 원어민의 발음을 반복해서 듣고, 따라 읽어보세요.
- <왓츠 리딩> 전 시리즈를 학습하고 나면 주제별 핵심 단어 약 1,240개를 포함하여 총 2,400여개의 단어를 완벽하게 익힐 수 있습니다.

STEP 2 다양한 종류의 글감 접하기

- 교과서나 시험에서 여러 종류의 글이 등장하기 때문에 다양한 주제의 픽션부터 정보를 전달하는 논픽션까지 고루 접하는 것이 중요합니다. 설명문뿐만 아니라 편지글, 일기, 레시피, 창작 이야기 등 다양한 유형의 글감을 통해 읽기에 대한 흥미를 유지하면서 유익한 정보로 지식을 쌓아보세요.

STEP 3 다양한 문제로 지문 내용 및 구조 확인하기

- 독해는 글의 목적, 중심 생각, 세부 내용 등을 파악하는 과정입니다. 하나를 읽더라도 정확하게 문장을 해석하면서 문장과 문장 간의 연결을 이해하는 것이 중요합니다. 이러한 독해 습관은 모든 학습의 기초인 문해력도 동시에 향상시킬 수 있습니다.
- 글의 내용을 파악하는 문제 외에도 글의 구조를 분석하고 요약 정리 활동을 통해 '내' 지식으로 만들어 보세요.

STEP 4 패턴 문장 응용과 직독직해 훈련하기

- 학년이 올라갈수록, 아는 단어를 활용하여 '감'으로 내용 파악하기보다 정확하게 글을 읽을 수 있어야 합니다. 반복되는 패턴 문장으로 문장 구조를 익히고, 다른 단어로 응용과 반복하면서 독해 기본기를 쌓아 보세요.
- 패턴 문장으로 문장 해석이 익숙해졌다면, 영어를 끊어서 읽는 직독직해 훈련을 시작하세요. 주어, 동사를 찾아보고 끊어 읽으면서 영어의 어순에 익숙해질 수 있으며, 읽는 속도와 독해의 정확성을 높일 수 있습니다.

STEP 5 꾸준하게 복습하기

- 새로운 문장과 문맥에서 배운 내용을 다시 복습하는 것이 중요합니다. 제공되는 워크북, 단어 쓰기 노트, 그리고 다양한 부가 학습 자료를 활용하여, 그동안 배운 내용을 다시 떠올리며 복습해 보세요.

구성과 특징

Components

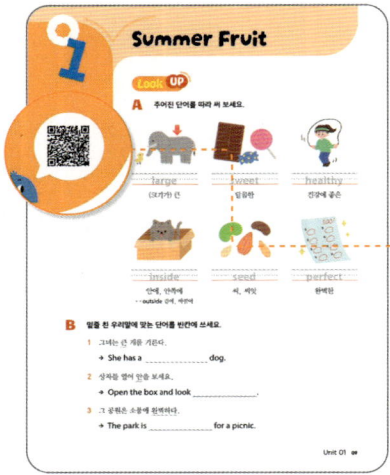

지문 속 핵심 단어 확인하기

▶ QR코드를 통해 단어의 원어민 발음을 들으면서 지문에 등장하는 핵심 단어를 확인합니다.

▶ 지문을 읽기 전, 각 단어를 따라 써보고 추가 예문을 통해 단어의 의미를 이해하면 읽기에 더 집중할 수 있어요.

유익하고 흥미로운 지문

▶ 다양한 종류의 글감으로 구성된 픽션과 논픽션 지문을 수록했습니다. 음원을 듣고 따라 읽으면 영어 읽기에 대한 두려움은 줄고 자신감을 쌓을 수 있어요.

▶ 글을 읽다가 모르는 단어나 문법이 나오더라도 당황하지 않고 끝까지 읽어보세요. 완벽하게 해석하지 않아도 끝까지 읽는다면, 글의 문맥 속에서 모르는 단어나 문법을 자연스럽게 파악할 수 있습니다.

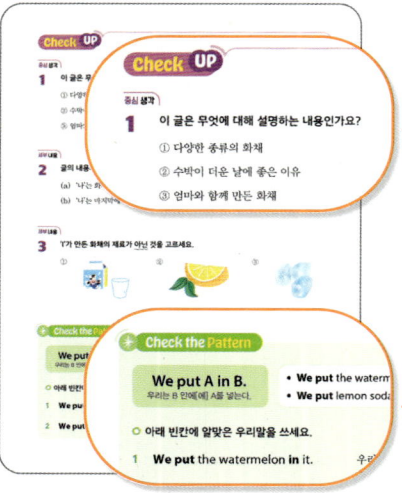

독해력을 Up해주는 단계별 문항

STEP ❶ Check UP

▶ 중심 생각과 세부 내용을 확인하는 다양한 유형의 문제를 풀면서 글의 내용을 올바르게 이해했는지 확인합니다.

STEP ❷ Check the Pattern

▶ 지문 속 반복되는 패턴 의미를 확인하고 문장을 해석하면서 문장 구조에 익숙해질 수 있습니다.

STEP 3 Pattern UP

▶ 지문에 등장한 패턴과 추가 단어로 새로운 문장을 만들면서 응용 연습합니다.

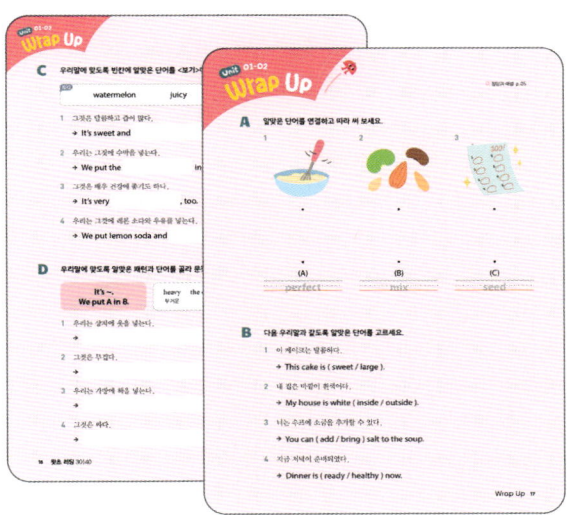

STEP 4 Sum UP

▶ 빈칸 채우기, 시간 순 정리 활동 등으로 글의 요약문을 완성합니다. 내용을 다시 복습하면서 학습을 마무리할 수 있어요.

지문 속 단어 정리 및 복습

▶ 단어의 의미와 영작 활동으로 패턴 문장을 복습합니다.

독해 학습을 완성하는
책속책과 별책 부록

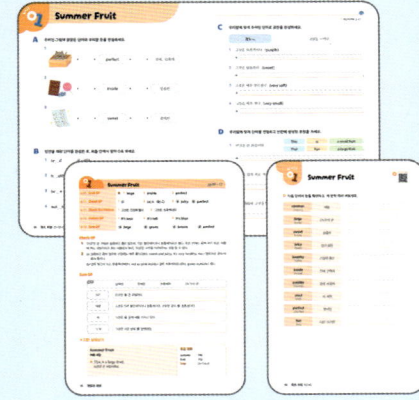

▶ **WORKBOOK**
퍼즐 및 다양한 문제 유형으로 지문 내용을 전체적으로 복습할 수 있습니다.

▶ **자세한 해설 및 해석 제공**
정답의 이유를 알려주는 문제 해설과 지문 살펴보기(끊어 읽기) 코너를 통해 영어의 어순을 확인해 보세요.

▶ **단어 쓰기 노트**
모든 단어와 표현을 확인하고 연습장에 써 보면서 복습할 수 있어요.

무료 부가 서비스 www.cedubook.com		
1 단어 리스트	2 단어 테스트	3 직독직해 연습지
4 영작 연습지	5 받아쓰기 연습지	6 MP3 파일 (단어, 지문)

Contents 목차

실과 | 식재료의 생산과 선택 ▶ 과일

Unit 01   Summer Fruit   논픽션 | Nature   09

Unit 02   A Sweet Summer Snack   픽션 | Food   13

Wrap Up   Unit 01 ~ 02   17

도덕 | 타인과의 관계 ▶ 가족과 가정생활

Unit 03   A Day with My Family   픽션 | Literature   19

Unit 04   A Family Meal   논픽션 | Lifestyle   23

Wrap Up   Unit 03 ~ 04   27

도덕 | 타인과의 관계 ▶ 친구

Unit 05   My Best Friends   픽션 | Literature   29

Unit 06   Good Friends   논픽션 | Society   33

Wrap Up   Unit 05 ~ 06   37

도덕 | 사회·공동체와의 관계 ▶ 학교

Unit 07   A Fun Festival   픽션 | Culture   39

Unit 08   In the Classroom   논픽션 | School   43

Wrap Up   Unit 07 ~ 08   47

사회 | 생산과 소비 활동 ▶ 쇼핑

Unit 09   A Day at the Mart   픽션 | Literature   49

Unit 10   Yard Sale   논픽션 | Place   53

Wrap Up   Unit 09 ~ 10   57

		체육ㅣ안전한 생활 습관 ▶ 안전한 여름
Unit 11	Hot Summer	픽션ㅣLiterature 59
Unit 12	Fun Summer	논픽션ㅣHealth 63
Wrap Up	Unit 11 ~ 12	 67

		과학ㅣ생물의 구조 ▶ 다양한 환경에 사는 동·식물
Unit 13	Colorful Flowers	픽션ㅣNature 69
Unit 14	Arctic Foxes	논픽션ㅣAnimals 73
Wrap Up	Unit 13 ~ 14	 77

		미술ㅣ미적 체험 ▶ 생활 속 미술
Unit 15	Colors of the Sky	픽션ㅣLiterature 79
Unit 16	Red and Yellow	논픽션ㅣScience 83
Wrap Up	Unit 15 ~ 16	 87

책속책	WORKBOOK ㅣ 정답과 해설
별책 부록	단어 쓰기 노트

<왓츠 리딩> 시리즈는 **Lexile(렉사일)** 및 **단어 수**로 난이도를 나누어 구성되었습니다.

	왓츠 리딩 30l40	왓츠 리딩 50	왓츠 리딩 60
단어 수	30 - 50	50 - 60	60 - 70
*Lexile 지수	**BR - 200L	100 - 300L	200 - 400L
추천 학습 대상	영어 학습 1년 차 초등 3, 4학년 문법 병행	영어 학습 1년 차 이상 초등 5, 6학년 문법	영어 학습 2년 차 초등 5, 6학년 문법

＊ Lexile(렉사일) 지수는 미국 교육 연구 기관 MetaMetrics에서 개발한 독서능력 평가지수로, 미국에서 가장 공신력 있는 지수로 활용되고 있습니다.

＊＊ BR는 "초보 독자(Beginning Reader)"라는 의미로 Lexile(렉사일) 지수 0L 이하 단계입니다.

Study Plan
학습계획표

주 5일 학습 기준이며, 학습 패턴 및 시간에 따라 조정할 수 있어요.

	1일차	2일차	3일차	4일차	5일차
1주차	**Unit 01** 지문 읽기, 본책 문제 풀이	**Unit 01** 지문 읽기, 워크북	**Unit 02** 지문 읽기, 본책 문제 풀이	**Unit 02** 지문 읽기, 워크북	**Wrap Up** Unit 01 - 02 단어 U01 - 02
2주차	**Unit 03** 지문 읽기, 본책 문제 풀이	**Unit 03** 지문 읽기, 워크북	**Unit 04** 지문 읽기, 본책 문제 풀이	**Unit 04** 지문 읽기, 워크북	**Wrap Up** Unit 03 - 04 단어 U03 - 04
3주차	**Unit 05** 지문 읽기, 본책 문제 풀이	**Unit 05** 지문 읽기, 워크북	**Unit 06** 지문 읽기, 본책 문제 풀이	**Unit 06** 지문 읽기, 워크북	**Wrap Up** Unit 05 - 06 단어 U05 - 06
4주차	**Unit 07** 지문 읽기, 본책 문제 풀이	**Unit 07** 지문 읽기, 워크북	**Unit 08** 지문 읽기, 본책 문제 풀이	**Unit 08** 지문 읽기, 워크북	**Wrap Up** Unit 07 - 08 단어 U07 - 08
5주차	**Unit 09** 지문 읽기, 본책 문제 풀이	**Unit 09** 지문 읽기, 워크북	**Unit 10** 지문 읽기, 본책 문제 풀이	**Unit 10** 지문 읽기, 워크북	**Wrap Up** Unit 09 - 10 단어 U09 - 10
6주차	**Unit 11** 지문 읽기, 본책 문제 풀이	**Unit 11** 지문 읽기, 워크북	**Unit 12** 지문 읽기, 본책 문제 풀이	**Unit 12** 지문 읽기, 워크북	**Wrap Up** Unit 11 - 12 단어 U11 - 12
7주차	**Unit 13** 지문 읽기, 본책 문제 풀이	**Unit 13** 지문 읽기, 워크북	**Unit 14** 지문 읽기, 본책 문제 풀이	**Unit 14** 지문 읽기, 워크북	**Wrap Up** Unit 13 - 14 단어 U13 - 14
8주차	**Unit 15** 지문 읽기, 본책 문제 풀이	**Unit 15** 지문 읽기, 워크북	**Unit 16** 지문 읽기, 본책 문제 풀이	**Unit 16** 지문 읽기, 워크북	**Wrap Up** Unit 15 - 16 단어 U15 - 16

8주 완성

Summer Fruit

A 주어진 단어를 따라 써 보세요.

large
(크기가) 큰

sweet
달콤한

healthy
건강에 좋은

inside
안에, 안쪽에
↔ outside 겉에, 바깥에

seed
씨, 씨앗

perfect
완벽한

B 밑줄 친 우리말에 맞는 단어를 빈칸에 쓰세요.

1 그녀는 <u>큰</u> 개를 기른다.

　→ She has a ＿＿＿＿＿＿＿ dog.

2 상자를 열어 <u>안</u>을 보세요.

　→ Open the box and look ＿＿＿＿＿＿＿.

3 그 공원은 소풍에 <u>완벽하다</u>.

　→ The park is ＿＿＿＿＿＿＿ for a picnic.

Summer Fruit

ⓐ This is a **large** fruit.

It's **sweet** and juicy.

It's very **healthy**, too.

It's red or pink **inside**.

It's green **outside**.

It has brown **seeds**, too.

You eat it in summer.

It's **perfect** on a hot day.

중심 생각

1 밑줄 친 ⓐ This가 가리키는 것으로 알맞은 것을 고르세요.

①    ②    ③

세부 내용

2 '그것'에 대해 글의 내용과 맞는 것에는 O표, 틀린 것에는 X표 하세요.

(a) 많이 달아서 건강에 좋지 않다. _____

(b) 겉과 안의 색이 다르다. _____

중심 생각

3 글에 등장하는 단어로 빈칸을 채워 보세요.

It's sweet and _____ⓐ_____ . It's _____ⓑ_____ on a hot day.

그것은 달고 ⓐ 즙이 많아요. 그것은 더운 날에 ⓑ 완벽해요.

ⓐ : _____   ⓑ : _____

✳ Check the Pattern

| **It's ~.** 그것은 ~이다. | • **It's** very healthy.
• **It's** green outside. |

➡ It's 뒤에는 상태나 성질 등을 나타내는 말이 와요.

○ 아래 빈칸에 알맞은 우리말을 쓰세요.

1 **It's** very healthy.   매우 _____ .

2 **It's** green outside.   겉이 _____ .

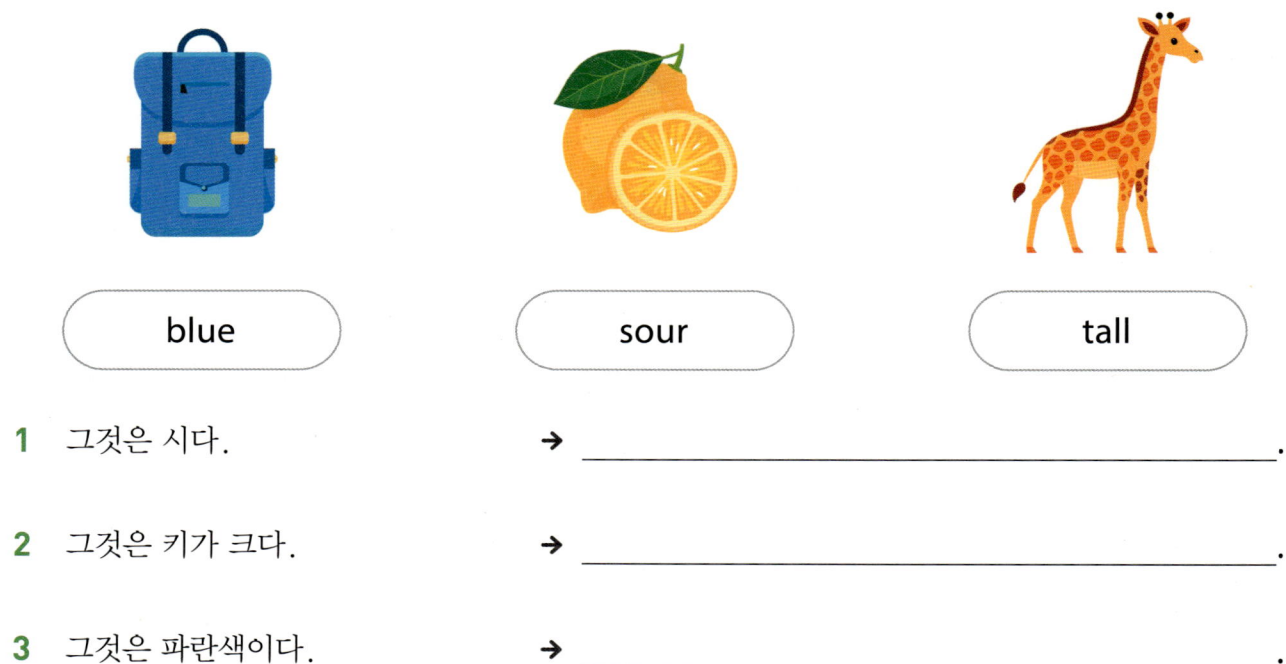

| blue | sour | tall |

1 그것은 시다. → _____ .

2 그것은 키가 크다. → _____ .

3 그것은 파란색이다. → _____ .

 빈칸에 알맞은 단어를 <보기>에서 찾아 쓰세요.

| 보기 | brown | perfect | green | large |

| size / 크기 | This is a (a) _____ fruit. |

| color / 색깔 | It's red or pink inside.
It's (b) _____ outside. |

| seeds / 씨 | It has (c) _____ seeds. |

| other / 그 외 | It's (d) _____ on a hot day. |

A Sweet Summer Snack

A 주어진 단어를 따라 써 보세요.

cut
자르다

bring
가져오다

put
놓다, 두다

add
더하다, 추가하다

mix
섞다

ready
준비가 된

B 밑줄 친 우리말에 맞는 단어를 빈칸에 쓰세요.

1 여기에 책을 놓아도 돼.

→ You can _____ the book here.

2 곧 비가 올 거예요. 우산을 가져와 주세요.

→ It will rain soon. Please _____ an umbrella.

3 난 준비가 되지 않았어. 시간이 더 필요해.

→ I'm not _____. I need more time.

A Sweet Summer Snack

Today's very hot.

So Mom and I make Hwachae.

Mom **cuts** a watermelon.

I **bring** a bowl.

We **put** the watermelon in it.

We put lemon soda and milk in it.

Then Mom **adds** ice.

She **mixes** everything.

Now, our Hwachae is **ready**.

중심 **생각**

1 이 글은 무엇에 대해 설명하는 내용인가요?

① 다양한 종류의 화채

② 수박이 더운 날에 좋은 이유

③ 엄마와 함께 만든 화채

세부 **내용**

2 글의 내용과 맞는 것에는 O표, <u>틀린</u> 것에는 X표 하세요.

(a) '나'는 화채를 만들기 위해 수박을 잘랐다. _____

(b) '나'는 마지막에 모든 재료를 섞었다. _____

세부 **내용**

3 'I'가 만든 화채의 재료가 <u>아닌</u> 것을 고르세요.

① 　　② 　　③

✳ Check the **Pattern**

| **We put A in B.**
우리는 B 안에[에] A를 넣는다. | • **We put** the watermelon **in** it.
• **We put** lemon soda and milk **in** it. |

○ 아래 빈칸에 알맞은 우리말을 쓰세요.

1 **We put** the watermelon **in** it.　　우리는 그것에 　　　　　　　　．

2 **We put** lemon soda and milk **in** it.　　우리는 그것에 레몬 소다와 　　　　　　．

Pattern UP 주어진 단어를 알맞게 배열하여 문장을 완성하세요.

1

the toys / put / we

→ _____ in the box.

우리는 상자에 장난감들을 넣는다.

2

put / we / the flowers

→ _____ in the vase.

우리는 꽃병에 꽃들을 넣는다.

3

we / the dishes / put

→ _____ in the sink.

우리는 싱크대에 접시들을 넣는다.

Sum UP 이야기 순서에 맞게 아래 빈칸에 번호를 쓰세요.

1   We put the watermelon, lemon soda, and milk in a bowl.

2   Mom cuts a watermelon.

3   Mom adds ice and mixes everything.

☐ → ☐ → ☐

Unit 01-02
Wrap Up

정답과 해설 p.05

A 알맞은 단어를 연결하고 따라 써 보세요.

1

•

2

•

3

•

•
(A)
perfect

•
(B)
mix

•
(C)
seed

B 다음 우리말과 같도록 알맞은 단어를 고르세요.

1 이 케이크는 달콤하다.

→ This cake is (sweet / large).

2 내 집은 바깥이 흰색이다.

→ My house is white (inside / outside).

3 너는 수프에 소금을 추가할 수 있다.

→ You can (add / bring) salt to the soup.

4 지금 저녁이 준비되었다.

→ Dinner is (ready / healthy) now.

C 우리말에 맞도록 빈칸에 알맞은 단어를 <보기>에서 찾아 쓰세요.

보기

| watermelon | juicy | milk | healthy |

1 그것은 달콤하고 즙이 많다.

→ It's sweet and _____.

2 우리는 그것에 수박을 넣는다.

→ We put the _____ in it.

3 그것은 매우 건강에 좋기도 하다.

→ It's very _____, too.

4 우리는 그것에 레몬 소다와 우유를 넣는다.

→ We put lemon soda and _____ in it.

D 우리말에 맞도록 알맞은 패턴과 단어를 골라 문장을 완성하세요.

It's ~.
We put A in B.

| heavy | the clothes | cheap | the books | the bag |
| 무거운 | 옷 | (가격이) 싼 | 책 | 가방 |

1 우리는 상자에 옷을 넣는다.

→ _____ in the box.

2 그것은 무겁다.

→ _____.

3 우리는 가방에 책을 넣는다.

→ _____.

4 그것은 싸다.

→ _____.

A Day with My Family

A 주어진 단어를 따라 써 보세요.

morning
아침

clean
청소하다, 닦다

noon
정오, 낮 12시

hungry
배고픈

table
테이블, 식탁

dessert
디저트, 후식

B 밑줄 친 우리말에 맞는 단어를 빈칸에 쓰세요.

1 그 방을 <u>청소하자</u>.

→ Let's _____ the room.

2 나는 <u>아침</u>에 달린다.

→ I run in the _____.

3 너 <u>배고프니</u>?

→ Are you _____?

A Day with My Family

It's Sunday **morning**.

I **clean** my bedroom.

Mom cleans the kitchen.

Dad cleans the bathroom.

It's **noon**.

Everyone is **hungry**.

Dad makes pizza for lunch.

I clean the **table**.

And Mom?

She makes cookies for **dessert**!

중심 생각

1 이 글의 알맞은 제목을 고르세요.

① 일요일의 가족 여행

② 우리 가족의 일요일 풍경

③ 가족과 함께하는 저녁 식사

세부 내용

2 'I'가 청소한 장소를 고르세요.

① 　② 　③

세부 내용

3 'I'의 아빠가 한 일이 <u>아닌</u> 것을 고르세요.

① 청소하기　　　② 피자 만들기　　　③ 테이블 닦기

✳ **Check the Pattern**

| **It's ~.**
~이다[~해/~야]. | • **It's** Sunday morning.
• **It's** noon. |

➡ It's 뒤에 날씨, 요일, 시간 등을 의미하는 단어가 오면, It을 '그것'이라 해석하지 않아요.

○ 아래 빈칸에 알맞은 우리말을 쓰세요.

1 **It's** Sunday morning. 　　　　　　　　　.

2 **It's** noon. 　　　　　　　　　.

 주어진 단어를 활용하여 문장을 완성하세요.

| very hot | May 24th | 1 o'clock |

1 밖은 매우 덥다. → _____ outside.

2 지금은 1시야. → _____ now.

3 오늘은 5월 24일이야. → _____ today.

 빈칸에 알맞은 단어를 <보기>에서 찾아 쓰세요.

보기
| noon | table | hungry | clean |

In the morning

At b _____

My family cleans the house.

I a [____] my bedroom.

Everyone is c [____].

Dad makes pizza.

I clean the d [____].

A Family Meal

A 주어진 단어를 따라 써 보세요.

meal

식사, 끼니

more

더 많은

↔ less 더 적은

fruit

과일

vegetable

채소

together

함께

talk

말하다, 이야기하다

B 밑줄 친 우리말에 맞는 단어를 빈칸에 쓰세요.

1 <u>식사</u> 즐겁게 하세요.

→ Enjoy your _____.

2 그것에 대해 <u>이야기하자</u>.

→ Let's _____ about it.

3 우리는 <u>더 많은</u> 의자가 필요해.

→ We need _____ chairs.

A Family Meal

A family **meal** is good for us.

It's good for our bodies.

We eat **more fruits** and **vegetables**.

We eat **less** fast food and soda.

It's good for our family.

We cook **together**.

We **talk** together.

We are happy together.

중심 **생각**

1 이 글은 무엇에 대해 설명하는 내용인가요?

가족 식사의 _____

① 순서   ② 종류   ③ 좋은 점

세부 **내용**

2 가족 식사에 대해 글의 내용과 맞는 것에는 O표, 틀린 것에는 X표 하세요.

(a) 우리는 더 많은 과일과 채소를 먹는다. _____

(b) 우리는 가족 식사를 통해 행복해질 수 있다. _____

중심 **생각**

3 글에 등장하는 단어로 빈칸을 채워 보세요.

A family meal is good for our _____**a**_____ and _____**b**_____.

가족 식사는 우리 ⓐ 몸과 ⓑ 가족에게 좋아요.

a : _____   **b** : _____

✳ Check the Pattern

We ~ together.
우리는 함께 ~한다.

- **We** cook **together**.
- **We** talk **together**.

➡ We 뒤에는 동작을 나타내는 말이 와요.

○ 아래 빈칸에 알맞은 우리말을 쓰세요.

1 **We** cook **together**.   요리한다.

2 **We** talk **together**.   .

주어진 단어를 알맞게 배열하여 문장을 완성하세요.

1

together / eat / we

→ _____.

우리는 함께 먹는다.

2

we / together / travel

→ _____.

우리는 함께 여행한다.

3

make cookies / we / together

→ _____.

우리는 함께 쿠키를 만든다.

Sum UP

빈칸에 알맞은 단어를 <보기>에서 찾아 쓰세요.

보기

cook	more	together	less

A family meal is good
for our bodies.

A family meal is good
for our family.

We eat **a** _____ fruits and

vegetables.

We eat **b** _____ fast food

and soda.

We **c** _____ together.

We talk **d** _____.

A 알맞은 단어를 연결하고 따라 써 보세요.

1   2   3

(A)   (B)   (C)

hungry   together   noon

B 다음 우리말과 같도록 알맞은 단어를 고르세요.

1   나는 더 많은 물이 필요하다.

     → I need (more / less) water.

2   채소는 건강에 좋다.

     → (Fruits / Vegetables) are good for your health.

3   디저트를 좀 드시겠어요?

     → Do you want some (meal / dessert)?

4   나는 거실을 청소한다.

     → I (clean / talk) the living room.

C 우리말에 맞도록 빈칸에 알맞은 단어를 <보기>에서 찾아 쓰세요.

보기

morning	talk	cook	noon

1 일요일 아침이다.

→ It's Sunday _____ .

2 낮 12시이다.

→ It's _____ .

3 우리는 함께 요리한다.

→ We _____ together.

4 우리는 함께 이야기한다.

→ We _____ together.

D 우리말에 맞도록 알맞은 패턴과 단어를 골라 문장을 완성하세요.

It's ~. We ~ together.	11 o'clock 11시	dance 춤추다	10th 10일	sit 앉다	March 3월

1 11시야.

→ _____ .

2 우리는 함께 춤춘다.

→ _____ .

3 오늘 3월 10일이야.

→ _____ today.

4 우리는 함께 앉는다.

→ _____ .

My Best Friends

A 주어진 단어를 따라 써 보세요.

friend

친구
*best friend 가장 친한 친구

wear

(옷 등을) 입다, 신다, 쓰다

glasses

안경

short

짧은
↔ long 긴

like

~와 같이, ~처럼

blond

금발의

B 밑줄 친 우리말에 맞는 단어를 빈칸에 쓰세요.

1 그는 너의 <u>친구</u>이니?

→ Is he your _____?

2 우리는 핼러윈에 특별한 의상을 <u>입는다</u>.

→ We _____ costumes on Halloween.

3 그 코트는 매우 <u>짧다</u>.

→ The coat is very _____.

My Best Friends

I have three **best friends**.

This is Sally.
She has green eyes.
She **wears** red **glasses**.

This is Emma.
She has brown eyes.
She has **short** black hair.

This is Emily.
She has blue eyes.
She has **long** hair, just **like** me.
But her hair is **blond**.

중심 생각

1 이 글의 알맞은 제목을 고르세요.

내 친구들의 _____

① 성격　　　　　　② 모습　　　　　　③ 취미

세부 내용

2 'I'에 대해 글에서 알 수 <u>없는</u> 것을 고르세요.

① 이름　　　　　　② 머리 길이　　　　　　③ 친한 친구 이름

세부 내용

3 아래 그림에 알맞은 이름을 빈칸에 쓰세요.

(a) 　　　　(b) 　　　　(c)

_____　　　　_____　　　　_____

✳ Check the Pattern

| **He/She has ~.**
그/그녀는 ~을[를] 가지고 있다. | • **She has** green eyes.
• **She has** short black hair. |

➡ 다른 사람의 신체 특징이나 그 사람이 가지고 있는 것을 말할 때 사용해요.

○ 아래 빈칸에 알맞은 우리말을 쓰세요.

1　**She has** green eyes.　　　　그녀는 초록 눈을　　　　　　　.

2　**She has** short black hair.　　　그녀는 짧은 검은　　　　　　　.

주어진 단어를 활용하여 문장을 완성하세요.

curly hair   brown hair   black eyes

1   그녀는 갈색 머리를 가지고 있다.   → _____.

2   그녀는 곱슬머리를 가지고 있다.   → _____.

3   그는 검은 눈을 가지고 있다.   → _____.

Sum UP   빈칸에 알맞은 단어를 <보기>에서 찾아 쓰세요.

보기
hair   has   brown   glasses

Sally   Emma   Emily

She a _____
green eyes.
She wears red
b _____ .

She has
c _____ eyes.
She has short black
hair.

She has blue eyes.
She has long blond
d _____ .

Good Friends

A 주어진 단어를 따라 써 보세요.

------listen to------

듣다, 귀 기울이다

------give------

주다

*give advice 조언을 주다

------learn------

배우다

------understand------

이해하다

------strong------

강한

*stronger 더 강한

------better------

더 좋은, 나은

B 밑줄 친 우리말에 맞는 단어를 빈칸에 쓰세요.

1 나는 새로운 언어를 배우고 싶다.

→ I want to _____ a new language.

2 너에게 시간을 더 줄게.

→ I'll _____ you more time.

3 나는 그 이야기가 이해되지 않는다.

→ I don't _____ the story.

Good Friends

Good friends help with anything.

They **listen to** us.

They **give advice**.

They *stand by us.

We **learn** lessons from friends, too.

We **understand** others.

And we help others.

With friends, we become **stronger**.

We become **better** people.

*stand by ~의 곁에 있어 주다

중심 **생각**

1 이 글은 무엇에 대해 설명하는 내용인가요?

① 좋은 친구가 가진 힘

② 좋은 친구가 되는 방법

③ 새로운 친구를 사귀는 방법

세부 **내용**

2 글의 내용과 맞는 것에는 O표, **틀린** 것에는 X표 하세요.

(a) 좋은 친구는 우리 말을 들어준다. _____

(b) 남을 이해하는 법을 친구로부터 배운다. _____

(c) 친구를 통해 우리는 더 좋은 사람이 될 수 있다. _____

중심 **생각**

3 글에 등장하는 단어로 빈칸을 채워 보세요.

> Good friends _____ **a** _____ lessons to us. Because of them, we
> understand and _____ **b** _____ others.
>
> 좋은 친구들은 우리에게 교훈을 ⓐ 줘요. 그들 때문에, 우리는 다른 사람들을
> 이해하고 ⓑ 도와줘요.

a : _____   **b** : _____

✳ Check the Pattern

| **We become ~.**
우리는 ~해진다[~이 된다]. | • **We become** stronger.
• **We become** better people. |

○ 아래 빈칸에 알맞은 우리말 뜻을 쓰세요.

1 **We become** stronger.   우리는 _____ .

2 **We become** better people.   _____ .

주어진 단어를 알맞게 배열하여 문장을 완성하세요.

1

sleepy / become / we

→ _____ at night.

우리는 밤에 졸려진다.

2

we / scared / become

→ _____ during a storm.

우리는 폭풍우가 칠 때 겁을 먹는다.

3

we / close friends / become

→ _____ over time.

우리는 시간이 흐르면서 친한 친구가 된다.

Sum **UP** 빈칸에 알맞은 단어를 <보기>에서 찾아 쓰세요.

보기

| listen | friends | better | understand |

Good **a** _____ help with anything. They **b** _____ to us and

give lessons. Because of good friends, we **c** _____ and help others.

With them, we become stronger and **d** _____ people.

Wrap Up

정답과 해설 p.12

A 알맞은 단어를 연결하고 따라 써 보세요.

1	2	3
·	·	·

·	·	·
(A)	(B)	(C)
strong	short	understand

B 다음 우리말과 같도록 알맞은 단어를 고르세요.

1 나는 모자를 쓴다.

→ I (wear / have) a hat.

2 그는 초록색 안경을 쓴다.

→ He wears green (glasses / eyes).

3 그 강은 길다.

→ The river is (short / long).

4 너는 자주 음악을 듣니?

→ Do you (listen / give) to music often?

C 우리말에 맞도록 빈칸에 알맞은 단어를 <보기>에서 찾아 쓰세요.

보기

| better | eyes | stronger | short |

1 그녀는 갈색 눈을 가지고 있다.

→ She has brown _____.

2 그녀는 짧은 검은 머리를 가지고 있다.

→ She has _____ black hair.

3 우리는 더 강해진다.

→ We become _____.

4 우리는 더 좋은 사람들이 된다.

→ We become _____ people.

D 우리말에 맞도록 알맞은 패턴과 단어를 골라 문장을 완성하세요.

| He/She has ~.
We become ~. | busy
바쁜 | a black watch
검은색 손목시계 | a team
팀 | long brown hair
긴 갈색 머리 |

1 그녀는 긴 갈색 머리를 가지고 있다.

→ _____.

2 우리는 학교에서 바빠진다.

→ _____ at school.

3 그는 검은색 손목시계를 가지고 있다.

→ _____.

4 우리는 경기 중에 한 팀이 된다.

→ _____ during the game.

A Fun Festival

A 주어진 단어를 따라 써 보세요.

festival
축제

join
함께하다

between
~ 사이에

taste
맛보다

travel
여행하다

miss
놓치다

B 밑줄 친 우리말에 맞는 단어를 빈칸에 쓰세요.

1 사람들은 <u>축제</u>에서 춤을 춘다.

→ People dance at the _____.

2 그 수프를 <u>맛봐도</u> 되니?

→ Can I _____ the soup?

3 우리는 여름마다 <u>여행한다</u>.

→ We _____ every summer.

A Fun Festival

Join us for the Culture **Festival**!

When: Friday, May 10, **between** 2 and 5 p.m.

Where: Sky Elementary School Gym

You can **taste** foods around the world.

You can learn about different cultures.

You can **travel** around the world.

Don't **miss** it.

중심 **생각**

1 **이 글은 어떤 종류의 글인가요?**

① 축제 도우미를 모집하는 글

② 세계 다양한 문화를 소개하는 글

③ 학교 문화 축제를 홍보하는 글

세부 **내용**

2 **축제에 대해 글의 내용과 맞는 것에는 O표, 틀린 것에는 X표 하세요.**

(a) 3월 10일에 개최된다. _____

(b) 장소는 학교 체육관이다. _____

(c) 음식을 먹을 수 없다. _____

세부 **내용**

3 **Culture Festival에 대해 글에 없는 것을 고르세요.**

① 일정 ② 행사 내용 ③ 입장료

✳ Check the Pattern

| **You can ~.** 너는 ~할 수 있다. | • **You can** taste foods around the world.
• **You can** travel around the world. |

○ **아래 빈칸에 알맞은 우리말을 쓰세요.**

1 **You can** taste foods around the world. 너는 전 세계의 음식을 _____ .

2 **You can** travel around the world. 너는 전 세계로 _____ .

 주어진 단어를 활용하여 문장을 완성하세요.

go skiing

watch movies

see the stars

1 너는 밤에 별들을 볼 수 있다. → _____ at night.

2 너는 친구들과 영화를 볼 수 있다. → _____ with friends.

3 너는 겨울에 스키 타러 갈 수 있다. → _____ in winter.

Sum UP 빈칸에 알맞은 단어를 <보기>에서 찾아 쓰세요.

보기			
cultures	between	taste	festival

질문

When is the **a** _____ ?

Where is the festival?

What can you do there?

대답

It's on May 10, **b** _____ 2 and 5 p.m.

It's at Sky Elementary School Gym.

You can **c** _____ foods.

You can learn **d** _____ , too.

In the Classroom

A 주어진 단어를 따라 써 보세요.

raise	speak	answer
들어 올리다	말하다	답

late	follow	rule
늦은, 지각한	따르다	규칙

B 밑줄 친 우리말에 맞는 단어를 빈칸에 쓰세요.

1 그녀는 매일 학교에 <u>지각한다</u>.

→ She is _____ for school every day.

2 좀 더 천천히 <u>말해줄</u> 수 있니?

→ Can you _____ more slowly?

3 팔을 머리 위로 <u>들어 올려라</u>.

→ _____ your arms over your head.

In the Classroom

1. Be ready to learn.

   - You should bring your books.

2. Be kind.

   - You should help others.

3. Listen to your teachers.

   - You should not fall asleep.

4. **Raise** your hand and **speak**.

   - You should not shout **answers**.

5. Come to class on time.

   - You should not be **late**.

Follow the **rules**.

Check UP

○ 정답과 해설 p.15

중심 생각

1 이 글은 어떤 내용의 글인가요?

① 규칙의 중요성을 알리는 글

② 교실 규칙을 설명하는 글

③ 교실 청소 순서와 방법을 적은 글

세부 내용

2 글의 내용을 잘못 이해한 사람을 고르세요.

① 세라: 책을 챙겨 와서 배울 준비를 해야 해.

② 주연: 손을 들고 답을 크게 외쳐야 해.

③ 소민: 지각하지 말고 제시간에 수업에 와야 해.

중심 생각

3 글에 등장하는 단어로 빈칸을 채워 보세요.

> _____ ⓐ _____ to your teacher and _____ ⓑ _____ the class rules.
>
> 선생님 말씀을 ⓐ 듣고 교실 규칙을 ⓑ 따르자.

ⓐ : _____   ⓑ : _____

✳ Check the Pattern

| **You should ~.**
너는 ~해야 한다. | • **You should** bring your books.
• **You should not** be late. |

➡ should not은 '~하지 말아야 한다'라는 의미를 나타내요.

○ 아래 빈칸에 알맞은 우리말을 쓰세요.

1 **You should** bring your books.   너는 네 책들을   .

2 **You should not** be late.   .

 **주어진 단어를 알맞게 배열하여 문장을 완성하세요.**

1

should / a book / read / you

→ _____ .

너는 책을 읽어야 한다.

2

you / eat / should / vegetables

→ _____ .

너는 채소를 먹어야 한다.

3

should / you / be careful

→ _____ with fire.

너는 불을 조심해야 한다.

 **빈칸에 알맞은 단어를 <보기>에서 찾아 쓰세요.**

보기

raise   rules   late   ready

Follow the classroom **a** _____ .

- Be **b** _____ to learn.

- Listen to your teachers.

- **c** _____ your hand and speak.

- Do not be **d** _____ for class.

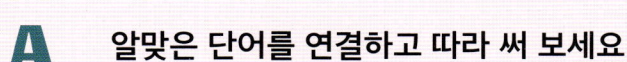

A 알맞은 단어를 연결하고 따라 써 보세요.

1 ·

2 ·

3 ·

· (A)
festival

· (B)
travel

· (C)
follow

B 다음 우리말과 같도록 알맞은 단어를 고르세요.

1 너희 팀에 함께해도 될까?

→ Can I (listen / join) your team?

2 그 버스를 놓치지 마세요.

→ Do not (miss / raise) the bus.

3 그녀는 정답을 안다.

→ She knows the (answer / time).

4 그 게임의 첫 번째 규칙은 무엇인가요?

→ What is the first (class / rule) of the game?

C 우리말에 맞도록 빈칸에 알맞은 단어를 <보기>에서 찾아 쓰세요.

보기
| late | help | travel | learn |

1 너는 다른 문화를 배울 수 있다.

→ You can _____ about different cultures.

2 너는 전 세계로 여행할 수 있다.

→ You can _____ around the world.

3 너는 다른 사람들을 도와야 한다.

→ You should _____ others.

4 너는 늦지 말아야 한다.

→ You should not be _____ .

D 우리말에 맞도록 알맞은 패턴과 단어를 골라 문장을 완성하세요.

You can ~.
You should (not) ~.

| run | borrow | study | stay here |
| 달리다, 뛰다 | 빌리다 | 공부하다 | 여기에 머무르다 |

1 너는 그 책을 빌릴 수 있다.

→ _____ the book.

2 너는 시험을 위해 공부해야 한다.

→ _____ for the test.

3 너는 여기에 머무를[있을] 수 있다.

→ _____ .

4 너는 교실에서 뛰지 말아야 한다.

→ _____ in the classroom.

A Day at the Mart

A 주어진 단어를 따라 써 보세요.

push
밀다

stop
멈추다

get
얻다, 구하다

tonight
오늘 밤

onion
양파

snack
간식

B 밑줄 친 우리말에 맞는 단어를 빈칸에 쓰세요.

1 시끄러운 음악을 <u>멈추어라</u>.

→ _____ the loud music.

2 너는 <u>오늘 밤</u>에 어떤 계획이 있니?

→ Do you have any plans for _____?

3 제가 물을 좀 <u>얻을</u> 수 있을까요?

→ Can I _____ some water?

A Day at the Mart

Mom and I go to the mart.
We **push** a cart and **stop**.
We **get** chicken for **tonight**.

We push the cart and stop.
We get **onions** and tomatoes.

We push the cart and stop.
We get milk, butter, and cheese.

We push the cart again, and then I stop.
"Can I get some **snacks**?"
Mom says yes.
I pick up my favorite cookies.

중심 **생각**

1 이 글의 알맞은 제목을 고르세요.

① 특별한 저녁 식사 준비

② 엄마와 마트에서 장 보기

③ 내가 좋아하는 간식 만들기

세부 **내용**

2 글의 내용과 맞는 것에는 O표, **틀린** 것에는 X표 하세요.

(a) '우리'는 제일 먼저 닭고기를 카트에 담았다.   _____

(b) '나'는 결국 간식을 사지 못했다.   _____

세부 **내용**

3 글쓴이가 마트에서 사지 <u>않은</u> 것을 고르세요.

①    ②    ③

✳ Check the **Pattern**

| **We get ~.** 우리는 ~을[를] 산다. | • **We get** chicken for tonight. • **We get** onions and tomatoes. |

○ 아래 빈칸에 알맞은 우리말을 쓰세요.

1 **We get** chicken for tonight.   우리는 오늘 밤을 위해 닭고기를 _____ .

2 **We get** onions and tomatoes. _____ .

 주어진 단어를 활용하여 문장을 완성하세요.

carrots

fish

grapes

1 우리는 포도를 산다.   →   _____.

2 우리는 생선을 산다.   →   _____.

3 우리는 당근을 산다.   →   _____.

 빈칸에 알맞은 단어를 <보기>에서 찾아 쓰세요.

보기

push   stop   pick up   cheese

We a _____ the cart. We get milk and b _____ .

I c _____ . "Can I get some snacks?"

Mom says yes.
I d _____ my favorite cookies.

Yard Sale

A 주어진 단어를 따라 써 보세요.

yard
마당

visit
방문하다

market
시장

sell
팔다

cheap
값이 싼, 저렴한

save
절약하다, 아끼다

B 밑줄 친 우리말에 맞는 단어를 빈칸에 쓰세요.

1 나의 부모님께서는 시장에서 과일을 파신다.

→ My parents _____ fruits at the market.

2 우리 마당에는 키가 큰 나무가 있다.

→ There is a tall tree in our _____.

3 나는 내일 할머니 댁에 방문할 것이다.

→ I'll _____ my grandmother's house tomorrow.

Yard Sale

Do you **visit yard** sales?

They're like small **markets** in a yard.

The home owner **sells** many things.

But they are not new.

They are *used.

They are **cheap**, too.

Do you enjoy yard sales?

Many people do.

They can **save** money.

ⓐ Sometimes, they can find treasures.

*used 중고의 ((이미 사용하였거나 오래된))

중심 생각

1 이 글은 어떤 내용의 글인가요?

① yard sale에 초대하는 글

② yard sale을 설명하는 글

③ 세일 행사를 안내하는 글

세부 내용

2 yard sale에 대해 글의 내용과 맞는 것에는 O표, 틀린 것에는 X표 하세요.

(a) 집주인이 마당에서 물건을 판다.   _____

(b) 물건들이 중고이고 값이 싸다.   _____

내용 추론

3 밑줄 친 ⓐ Sometimes, they can find treasures.가 의미하는 것을 고르세요.

① 가끔 집주인들은 새 물건을 팔기도 한다.

② yard sale에서 실제 보석을 발견하는 것은 어렵다.

③ yard sale에서 예상치 못한 귀중한 물건을 발견할 수도 있다.

✳ Check the Pattern

Do you ~? 너는 ~하니[해]?	• **Do you** visit yard sales? • **Do you** enjoy yard sales?

○ 아래 빈칸에 알맞은 우리말 뜻을 쓰세요.

1 **Do you** visit yard sales?   너는 yard sale을   ?

2 **Do you** enjoy yard sales?   너는 yard sale을   ?

 주어진 단어를 알맞게 배열하여 문장을 완성하세요.

1

exercise / do you

→ _____ ?

너는 운동하니?

2

do you / ice cream / like

→ _____ ?

너는 아이스크림을 좋아하니?

3

a pet / do you / have

→ _____ ?

너는 반려동물이 있니?

 빈칸에 알맞은 단어를 <보기>에서 찾아 쓰세요.

보기

save   sell   find   markets

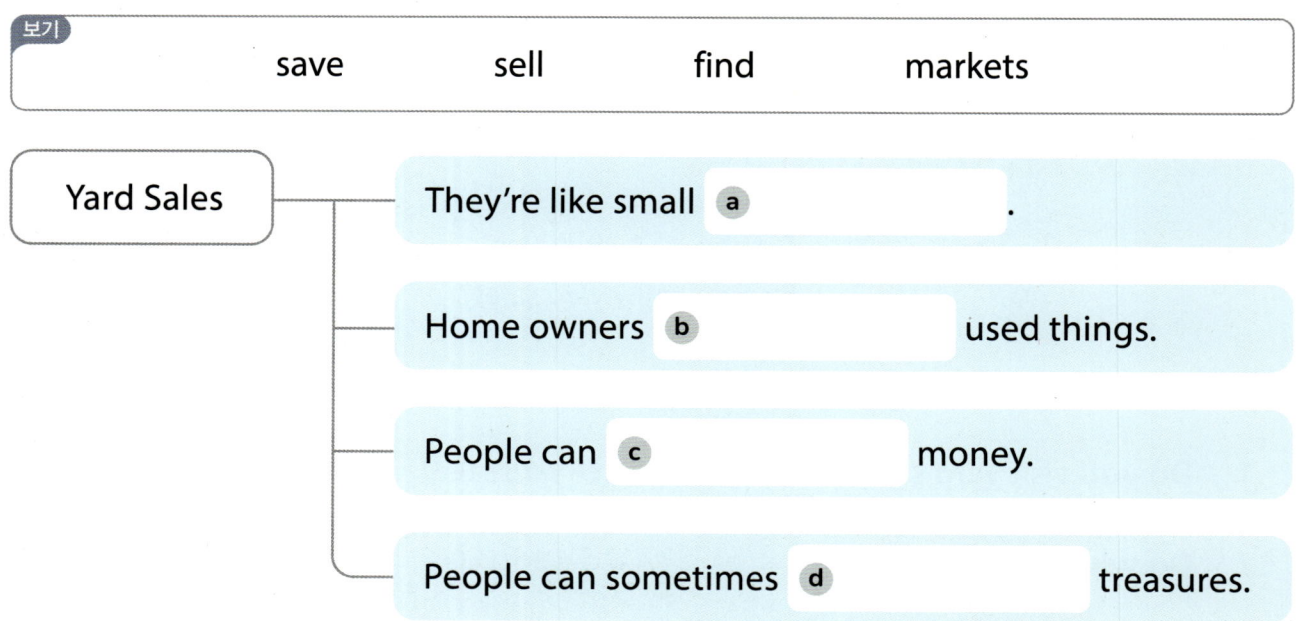

Yard Sales

They're like small a _____.

Home owners b _____ used things.

People can c _____ money.

People can sometimes d _____ treasures.

A 알맞은 단어를 연결하고 따라 써 보세요.

1　　　　　2　　　　　3

(A)
stop

(B)
market

(C)
save

B 다음 우리말과 같도록 알맞은 단어를 고르세요.

1　문을 밀어라.

→ (Push / Save) the door.

2　그는 샐러드에 양파를 넣는다.

→ He puts (tomatoes / onions) in his salad.

3　이 가방들은 정말 값이 싸다.

→ These bags are really (new / cheap).

4　그들은 많은 종류의 신발을 판다.

→ They (sell / enjoy) many kinds of shoes.

C 우리말에 맞도록 빈칸에 알맞은 단어를 <보기>에서 찾아 쓰세요.

보기

visit	tomatoes	milk	enjoy

1 우리는 양파와 토마토를 산다.

→ We get onions and _____.

2 우리는 우유, 버터, 그리고 치즈를 산다.

→ We get _____, butter, and cheese.

3 너는 yard sale에 방문하니?

→ Do you _____ yard sales?

4 너는 yard sale을 즐기니?

→ Do you _____ yard sales?

D 우리말에 맞도록 알맞은 패턴과 단어를 골라 문장을 완성하세요.

We get ~.
Do you ~?

tickets	play games	live	bread	here
티켓	게임을 하다	살다	빵	이곳에

1 우리는 콘서트 티켓을 산다.

→ _____ for the concert.

2 너는 이곳에 사니?

→ _____?

3 우리는 빵집에서 빵을 산다.

→ _____ from the bakery.

4 너는 게임을 하니?

→ _____?

Hot Summer

Look UP

A 주어진 단어를 따라 써 보세요.

playground

놀이터

slide

미끄럼틀

sit

앉다

cool

시원한

↔ hot 더운, 뜨거운

open

열다

blow

불다

B 밑줄 친 우리말에 맞는 단어를 빈칸에 쓰세요.

1 <u>놀이터</u>에서 만나자.

→ Let's meet at the _____.

2 잔디 위에 <u>앉지</u> 마라.

→ Don't _____ on the grass.

3 수영장 속 물은 <u>시원하다</u>.

→ The water feels _____ in the pool.

Hot Summer

Summer days are hot.

I can't go to the **playground**.

The **slide** is too hot.

So I **sit** under a tree.

It keeps me **cool**.

Summer nights are **hot**.

I can't sleep.

So I **open** the window.

But a hot breeze **blows** in.

It doesn't keep me cool.

중심 생각

1 이 글의 알맞은 제목을 고르세요.

① 여름이 더운 이유   ② 어느 더운 여름날   ③ 놀이터에서의 하루

세부 내용

2 '나'에 대해 글의 내용과 맞는 것에는 O표, 틀린 것에는 X표 하세요.

(a) 낮에 놀이터에 갈 수 없었다. _____

(b) 밤에 창문을 열었지만 시원하지 않았다. _____

세부 내용

3 글에 등장하는 단어로 빈칸을 채워 보세요.

> Summer days are _____ⓐ_____ . But I _____ⓑ_____ under a tree, and it keeps me cool.
>
> 여름의 낮은 ⓐ 더워요. 하지만 나는 나무 아래 ⓑ 앉고 그것은 나를 시원하게 해줘요.

a : _____   b : _____

✳ Check the Pattern

| **I can't ~.** 나는 ~할 수 없다. | • **I can't** go to the playground. • **I can't** sleep. |

➡ can't는 cannot을 줄인 말이에요.

🔵 **아래 빈칸에 알맞은 우리말을 쓰세요.**

1 **I can't** go to the playground.   나는 놀이터에 _____ .

2 **I can't** sleep.   _____ .

Pattern UP 주어진 단어를 활용하여 문장을 완성하세요.

see

play soccer

jump

1 나는 높이 뛸 수 없다. → _____ high.

2 나는 축구를 잘할 수 없다. → _____ well.

3 나는 어둠 속에서 볼 수 없다. → _____ in the dark.

Sum UP 빈칸에 알맞은 단어를 <보기>에서 찾아 쓰세요.

보기

| cool | open | sleep | under |

Summer days are hot.

Summer nights are hot.

I can't go to the playground.

So I sit ⓐ _____ a tree.

It keeps me ⓑ _____ .

I can't ⓒ _____ .

So I ⓓ _____ the window.

But it doesn't keep me cool.

Fun Summer

A 주어진 단어를 따라 써 보세요.

fun

재미있는

careful

조심하는

enough

충분한

exciting

신나는, 흥미진진한

deep

깊이, 깊게

safe

안전한

B 밑줄 친 우리말에 맞는 단어를 빈칸에 쓰세요.

1 계단 위에서는 <u>조심해라</u>.

→ Be _____ on the stairs.

2 모두를 위한 <u>충분한</u> 음식이 있나요?

→ Is there _____ food for everyone?

3 농구 경기는 아주 <u>흥미진진해</u> 보인다.

→ The basketball game looks very _____.

Fun Summer

Summer is **fun**.
You can play in the sun.
But be **careful**.
Wear a hat in the sun.
Drink **enough** water.

Summer is **exciting**.
You can play in the water, too.
But be careful.
Wear a *life jacket in the water.
Don't swim too **deep**.

Be **safe** and enjoy summer!

*life jacket 구명조끼

중심 생각

1 이 글의 목적으로 가장 알맞은 것을 고르세요.

① 다양한 여름 활동을 소개하려고

② 여름철 야외 활동의 장점을 알려 주려고

③ 여름 활동을 즐길 때 주의할 점을 알려 주려고

세부 내용

2 글을 읽고 대답할 수 있는 질문을 고르세요.

① 햇볕에서 놀 때 무엇을 해야 하나요?

② 여름에는 왜 물을 충분히 마셔야 하나요?

③ 물에서 놀 때 왜 구명조끼를 입어야 하나요?

중심 생각

3 글에 등장하는 단어로 빈칸을 채워 보세요.

> Summer is fun and exciting. But be _____ ⓐ _____ and _____ ⓑ _____ .
>
> 여름은 재미있고 신나요. 하지만 ⓐ 조심하고 ⓑ 안전하세요.

a : _____   **b** : _____

✳ Check the Pattern

동사원형 ~. ~해라[해].	• **Be** careful. • **Drink** enough water. • **Don't swim** too deep.

➡ 동사원형 앞에 Don't가 오면 '~하지 마라'라는 의미를 나타내요.

○ 아래 빈칸에 알맞은 우리말을 쓰세요.

1   **Be** careful.   .

2   **Don't swim** too deep.   .

 주어진 단어를 알맞게 배열하여 문장을 완성하세요.

1

teeth / brush / your

→ _____ .

이를 닦아라.

2

skip / don't / breakfast

→ _____ .

아침을 거르지 마라.

3

be / to your friends / kind

→ _____ .

친구들에게 친절하게 대해라.

 빈칸에 알맞은 단어를 <보기>에서 찾아 쓰세요.

보기			
water	enough	safe	swim

Be **a** _____ and enjoy summer.

- Wear a hat in the sun.

- Drink **b** _____ water.

- Wear a life jacket in the **c** _____ .

- Don't **d** _____ too deep.

Unit 11-12

Wrap Up

정답과 해설 p.24

A 알맞은 단어를 연결하고 따라 써 보세요.

1

2

3

(A)
cool

(B)
open

(C)
exciting

B 다음 우리말과 같도록 알맞은 단어를 고르세요.

1 나는 미끄럼틀 위에 있다.

→ I am on the (slide / water).

2 이 게임은 재미있다.

→ This game is (hot / fun).

3 그녀는 바닷속 깊이 들어갈 수 있다.

→ She can go (deep / enough) into the ocean.

4 그 공원은 아이들에게 안전하다.

→ The park is (safe / careful) for children.

C 우리말에 맞도록 빈칸에 알맞은 단어를 <보기>에서 찾아 쓰세요.

> 보기
> wear   sleep   be   playground

1 나는 놀이터에 갈 수 없다.

→ I can't go to the _____.

2 나는 잠을 잘 수 없다.

→ I can't _____.

3 햇볕에서 모자를 써라.

→ _____ a hat in the sun.

4 안전하게 지내고 여름을 즐겨라!

→ _____ safe and enjoy summer!

D 우리말에 맞도록 알맞은 패턴과 단어를 골라 문장을 완성하세요.

> I can't ~.
> 동사원형 ~.

walk	wear	quiet	watch TV	a hat
걷다	입다, 쓰다	조용한	TV를 보다	모자

1 잔디 위에서 걷지 마라.

→ _____ on the grass.

2 나는 밤에 TV를 볼 수 없다.

→ _____ at night.

3 도서관에서는 조용히 해라.

→ _____ in the library.

4 나는 수업 중에 모자를 쓸 수 없다.

→ _____ in class.

Colorful Flowers

A 주어진 단어를 따라 써 보세요.

colorful

알록달록한

shiny

빛나는

weak

약한
↔ strong 튼튼한, 강한

water

물을 주다

grow

자라다, 성장하다

become

~해지다, ~이 되다

B 밑줄 친 우리말에 맞는 단어를 빈칸에 쓰세요.

1 그 새끼 고양이는 약하다.

➔ The kitten is _____.

2 꽃에 물을 주자.

➔ Let's _____ the flowers.

3 무지개는 알록달록하다.

➔ The rainbow is _____.

Colorful Flowers

I see tall buildings.

They look **shiny**.

But I don't see any colors.

The city looks gray.

I walk and find flowers.

They look small and **weak**.

I **water** them every day.

They **grow**.

They **become strong**.

They become **colorful**.

I see more flowers now.

The city looks colorful.

중심 생각

1 이 글의 알맞은 제목을 고르세요.

① 알록달록해진 건물들

② 꽃으로 화려해진 도시

. ③ 고층 건물 속 화려한 정원

세부 내용

2 글의 내용과 맞는 것에는 O표, 틀린 것에는 X표 하세요.

(a) 도시의 건물들은 알록달록했다. _____

(b) '내'가 발견한 꽃은 작고 약했다. _____

(c) '내'가 꽃에 물을 주어도 점점 시들었다. _____

중심 생각

3 글에 등장하는 단어로 빈칸을 채워 보세요.

> The flowers _____ⓐ_____ . The city looks _____ⓑ_____ with more flowers.
>
> 꽃들이 ⓐ 자라요. 그 도시는 더 많은 꽃들로 ⓑ 알록달록해 보여요.

ⓐ : _____   ⓑ : _____

✳ Check the **Pattern**

They look ~.
그것들은[그들은] ~해 보인다.

- **They look** shiny.
- **They look** small and weak.

➡ look 뒤에는 상태나 성질을 나타내는 말이 와요.

🟢 **아래 빈칸에 알맞은 우리말을 쓰세요.**

1 **They look** shiny.   .

2 **They look** small and weak.   .

 주어진 단어를 알맞게 배열하여 문장을 완성하세요.

1

they / fresh / look

→ _____.

그것들은 신선해 보인다.

2

look / upset / they

→ _____.

그들은 속상해 보인다.

3

old / they / look

→ _____.

그것들은 낡아 보인다.

 빈칸에 알맞은 단어를 <보기>에서 찾아 쓰세요.

보기
| strong | gray | colorful | buildings |

I see tall **a** _____.

I don't see any colors.

The city looks **b** _____.

→

The flowers become

c _____ and colorful.

I see more flowers.

The city looks **d** _____.

Arctic Foxes

A 주어진 단어를 따라 써 보세요.

-------- change --------

바꾸다, 변하다

-------- hide --------

숨다

-------- fur --------

털

-------- thick --------

두꺼운, 숱이 많은
↔ thin 얇은, 숱이 적은

-------- stay --------

~인 채로 있다, 머무르다

-------- grass --------

풀

B 밑줄 친 우리말에 맞는 단어를 빈칸에 쓰세요.

1 그 고양이는 부드러운 <u>털</u>을 가지고 있다.

→ The cat has soft _____.

2 책상 아래에 <u>숨자</u>.

→ Let's _____ under the desk.

3 우리는 담요로 따뜻하게 <u>머무를</u> 수 있다[있을 수 있다].

→ We can _____ warm with the blanket.

Arctic Foxes

*Arctic foxes **change** color.

They're white in winter.

They can **hide** in the snow.

Their **fur** is long and **thick**.

So they **stay** warm.

In summer, they're brown.

They can hide in the **grass**.

Their fur is short and **thin**.

So they stay cool.

*Arctic 북극의

중심 생각

1 이 글은 무엇에 대해 설명하고 있나요?

　① 북극여우가 추위를 이겨내는 법

　② 계절에 따른 북극여우의 털 변화

　③ 기후 변화가 북극여우에 미치는 영향

세부 내용

2 북극여우에 대해 글의 내용과 맞는 것에는 O표, <u>틀린</u> 것에는 X표 하세요.

　(a) 계절에 따라 털의 길이가 다르다. _____

　(b) 여름에는 털 숱이 많다. _____

중심 생각

3 글에 등장하는 단어로 빈칸을 채워 보세요.

Arctic foxes can _____ ⓐ _____ in the snow. In summer, they become brown and hide in the _____ ⓑ _____ .

북극여우는 겨울에 눈 속에 ⓐ <u>숨을</u> 수 있어요. 여름에 그것들은 갈색이 되고 ⓑ 풀 속에 숨어요.

ⓐ : _____　　　　　　　ⓑ : _____

✳ Check the Pattern

| **They stay ~.**
그것들은[그들은] ~하게 있다. | • **They stay** warm.
• **They stay** cool. |

➡ stay 뒤에는 상태나 성질을 나타내는 말이 와요.

○ 아래 빈칸에 알맞은 우리말을 쓰세요.

1 **They stay** warm.　　　　　그것들은 따뜻하게 _____ .

2 **They stay** cool.　　　　　그것들은 _____ .

Unit 14 **75**

Pattern UP

주어진 단어를 활용하여 문장을 완성하세요.

active

close

clean

1 그것들은 가깝게 있는다[지낸다]. → _____.

2 그것들은 항상 깨끗하게 있다. → _____ all the time.

3 그들은 매일 활동적으로 지낸다. → _____ every day.

Sum UP

빈칸에 알맞은 단어를 <보기>에서 찾아 쓰세요.

| white | summer | hide | snow |

In winter

In c _____

Arctic foxes are a _____ .

They hide in the b _____ .

Their fur is long and thick.

Arctic foxes are brown.

They d _____ in the grass.

Their fur is short and thin .

Unit **13-14**

Wrap Up

○ 정답과 해설 p.27

A 알맞은 단어를 연결하고 따라 써 보세요.

1   2   3

(A)   (B)   (C)

stay   fur   colorful

B 다음 우리말과 같도록 알맞은 단어를 고르세요.

1   저 빛나는 별들을 봐.

    → Loot at the (shiny / weak) stars.

2   그들은 빠르게 성장한다.

    → They (hide / grow) quickly.

3   계획을 바꾸자.

    → Let's (become / change) the plan.

4   그는 매주 잔디를 깎는다.

    → He cuts the (snow / grass) every week.

C 우리말에 맞도록 빈칸에 알맞은 단어를 <보기>에서 찾아 쓰세요.

보기

| shiny | warm | small | cool |

1 그들은 따뜻하게 있다.

→ They stay _____ .

2 그들은 시원하게 있다.

→ They stay _____ .

3 그들은 빛나 보인다.

→ They look _____ .

4 그들은 작고 약해 보인다.

→ They look _____ and weak.

D 우리말에 맞도록 알맞은 패턴과 단어를 골라 문장을 완성하세요.

They look ~.
They stay ~.

| awake | strong | angry | calm |
| 깨어 있는 | 강한 | 화난 | 침착한 |

1 그들은 경기 전에 침착하게 있는다.

→ _____ before the game.

2 그들은 강해 보인다.

→ _____ .

3 그들은 밤에 깨어 있다.

→ _____ at night.

4 그들은 화가 나 보인다.

→ _____ .

Colors of the Sky

15

A 주어진 단어를 따라 써 보세요.

upset

속상한

want

원하다, ~하고 싶다

paint

(물감으로) 그리다

watch

보다, 지켜보다

go down

(해가) 지다

again

다시, 한 번 더

B 밑줄 친 우리말에 맞는 단어를 빈칸에 쓰세요.

1 나는 꽃을 <u>그리는</u> 것을 좋아한다.

→ I like to _____ flowers.

2 너는 만화를 <u>보니</u>?

→ Do you _____ cartoons?

3 <u>다시</u> 시작해보자.

→ Let's start _____!

Colors of the Sky

Mia is **upset**.

She **wants** to **paint** the sky.

But she can't.

She has no blue color.

Later, Mia **watches** the sky.

The Sun **goes down**.

The sky changes to red, orange, and pink.

She wants to paint the sky **again**.

She mixes colors.

She paints a perfect sky.

중심 생각

1 이 글의 알맞은 제목을 고르세요.

① 가을날 푸른 하늘　　　② 완벽한 하늘 그리기　　　③ 해가 지는 저녁 풍경

세부 내용

2 글의 내용과 맞는 것에는 O표, **틀린** 것에는 X표 하세요.

(a) Mia는 파란색을 갖고 있지 않았다.　　　　　　　　＿＿＿＿＿

(b) Mia가 하늘을 볼 때 해가 뜨고 있었다.　　　　　　＿＿＿＿＿

세부 내용

3 Mia가 완성한 그림을 고르세요.

① 　　　② 　　　③

✳ Check the Pattern

She/He wants to ~.
그녀는/그는 ~하기를 원한다[하고 싶다].

- **She wants to** paint the sky.
- **He wants to** be a doctor.

○ 아래 빈칸에 알맞은 우리말을 쓰세요.

1 **She wants to** paint the sky.　　　그녀는 ＿＿＿＿＿＿＿＿ .

2 **He wants to** be a doctor.　　　　그는 ＿＿＿＿＿＿＿＿ .

Pattern UP 주어진 단어를 활용하여 문장을 완성하세요.

(dance)

(play the guitar)

(make a cake)

1 그녀는 춤추기를 원한다. → _____.

2 그녀는 케이크 만들기를 원한다. → _____.

3 그는 기타 연주하기를 원한다. → _____.

Sum UP 빈칸에 알맞은 단어를 <보기>에서 찾아 쓰세요.

| 보기 | changes | mixes | paint | perfect |

Mia can't 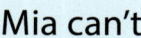 a _____ the sky. She has no blue color.

The Sun goes down. The sky b _____ colors.

Mia c _____ colors. She paints the d _____ sky.

Red and Yellow

16

A 주어진 단어를 따라 써 보세요.

around
~ 주위에, 주변에

restaurant
음식점, 식당

sign
간판, 표지판

these
이 ~, 이것들의

feel
느끼다,
~한 기분이 들다

comfortable
편안한

B 밑줄 친 우리말에 맞는 단어를 빈칸에 쓰세요.

1 그 의자는 <u>편안하다</u>.

→ The chair is _____.

2 그들은 새 <u>식당</u>을 열었다.

→ They opened a new _____.

3 <u>이</u> 꽃들은 향기가 정말 좋다.

→ _____ flowers smell very good.

Red and Yellow

Look **around** you.

You may see a fast food **restaurant**.

Its **sign** may have the colors red and yellow.

Why **these** colors?

When we see red, we **feel** hungry.

When we see yellow, we feel **comfortable**.

So look at the colors.

You may want to visit and eat!

1 이 글은 무엇에 대해 설명하나요?

패스트푸드점의 _____

① 역사   ② 문제점   ③ 간판 색

세부 내용

2 글의 내용과 맞는 것에는 O표, **틀린** 것에는 X표 하세요.

(a) 노란색은 우리를 편안하게 해준다.   _____

(b) 우리가 패스트푸드점을 가는 이유는 색깔 때문이 아니다.   _____

중심 생각

3 글에 등장하는 단어로 빈칸을 채워 보세요.

At fast food restaurants, the ___**a**___ may have the colors red and
___**b**___ .

패스트푸드점에서, ⓐ 간판에는 빨간색과 ⓑ 노란색이 있을 수도 있다.

a : _____   **b** : _____

✳ Check the Pattern

We feel ~.
우리는 ~한 기분이 든다.

- **We feel** hungry.
- **We feel** comfortable.

➡ feel 뒤에는 기분을 나타내는 말이 와요.

○ 아래 빈칸에 알맞은 우리말을 쓰세요.

1 **We feel** hungry.   .

2 **We feel** comfortable.   .

 **Pattern UP** 주어진 단어를 알맞게 배열하여 문장을 완성하세요.

1

excited / feel / we

➔ _____ when we travel.

우리는 여행할 때 신나는 기분이 든다.

2

feel / strong / we

➔ _____ when we exercise.

우리는 운동할 때 강한 기분이 든다.

3

we / worried / feel

➔ _____ about the test.

우리는 시험에 대해 걱정하는 기분이 든다[걱정한다].

Sum UP 빈칸에 알맞은 단어를 <보기>에서 찾아 쓰세요.

보기

| hungry | signs | visit | comfortable |

Fast food restaurants use the colors red and yellow on their ⓐ _____ .

When we see red, we feel ⓑ _____ . When we see yellow, we

feel ⓒ _____ . Because of these colors, you may want to

ⓓ _____ and eat.

A 알맞은 단어를 연결하고 따라 써 보세요.

1

2

3

•

•

•

•

•

•

(A)
these

(B)
upset

(C)
feel

B 다음 우리말과 같도록 알맞은 단어를 고르세요.

1 그 식당은 유명하다.

→ The (color / restaurant) is famous.

2 나는 밖에서 놀고 싶다.

→ I (have / want) to play outside.

3 그 게임을 다시 해보자.

→ Let's play the game (again / around).

4 간판은 크고 밝다.

→ The (sky / sign) is big and bright.

C 우리말에 맞도록 빈칸에 알맞은 단어를 <보기>에서 찾아 쓰세요.

보기

| paint | comfortable | hungry | be |

1 우리는 배고픈 기분이 든다.

→ We feel _____ .

2 우리는 편안한 기분이 든다.

→ We feel _____ .

3 그녀는 하늘 그리기를 원한다.

→ She wants to _____ the sky.

4 그는 의사가 되기를 원한다.

→ He wants to _____ a doctor.

D 우리말에 맞도록 알맞은 패턴과 단어를 골라 문장을 완성하세요.

> She/He wants to ~.
> We feel ~.

| scared | go fishing | eat pizza | safe |
| 무서운 | 낚시하러 가다 | 피자를 먹다 | 안전한 |

1 우리는 집에서 안전한 기분이 든다.

→ _____ at home.

2 우리는 어둠 속에서 무서운 기분이 든다.

→ _____ in the dark.

3 그는 피자 먹기를 원한다.

→ _____ .

4 그녀는 낚시하러 가기를 원한다.

→ _____ .

왓츠 Grammar

왓츠그래머 시리즈로
영문법의 기초를 다져보세요!

1 초등 교과 과정에서 필수인 문법 사항 총망라
2 세심한 난이도 조정으로 학습 부담은 DOWN
3 중, 고등 문법을 대비하여 탄탄히 쌓는 기초

Start

아이들이 영문법을 처음 접한다면?

초등 저학년을 위한 기초 문법서

+Plus

기초 문법 개념을 한 바퀴 돌렸다면?

초등 고학년을 위한 기초 & 심화 문법서

초등학생을 위한 필수 기초 & 심화 문법

① 초등 기초 & 심화 문법
완성을 위한 3단계 구성

② 누적·반복 학습이 가능한
나선형 커리큘럼

③ 쉽게 세분화된 문법 항목과
세심하게 조정된 난이도

④ 유닛별 누적 리뷰 테스트와
파이널 테스트 2회분 수록

⑤ 워크북과 단어쓰기
연습지로 완벽하게 복습

쎄듀

더 빨리, 더 많이,
더 오래 남는 어휘

쎄듀런 프리미엄 VOCA

나만의 자동
어휘 단어장!

학생의
학습 최적화!

내게 맞춰 암기하니까, 외워질 수밖에!

미암기 단어 70% → 미암기 단어 30% → 미암기 단어 0%

 쎄듀런

📞 02-2088-0132
🏠 www.cedulearn.com
📋 cafe.naver.com/cedulearnteacher
✉ cedulearn@ceduenglish.com

프리미엄
VOCA
바로가기

'나'에게 딱! 맞는 암기&문제모드만 골라서 학습!

5가지 암기모드

연상암기
family 🔊
복수형 families

철자암기
lovely 🔊
형 사랑스러운, 아름다운

beard 🔊
명 (턱)수염

신속암기
strip 🔊
복수형 strips
변화형 strip · stripped · stripped · stripping
[아는 단어] [모르는 단어]

예문으로 암기
charm 🔊
복수형 charms
변화형 charm · charmed · charmed · charming
명 매력
Darcey was attracted to Elizabeth's charm and intelligence.
동 매혹시키다
He was charmed by her beauty and wit.

유반의어 암기
feature 🔊
복수형 features
변화형 feature · featured · featured · featuring
1 명 특징, 특색
동 특징으로 삼다
유 quality, characteristic, attribute
2 명 얼굴 생김새, 이목구비(의 각 부분), 용모

8가지 문제모드

뜻고르기
happiness 🔊
1. 전 ~의 주위에, 주변에 [+]
2. 형 과학의, 과학적인
3. 명 행복

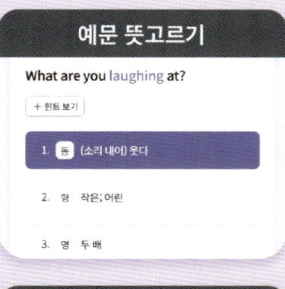
예문 뜻고르기
What are you laughing at?
[+ 힌트 보기]
1. 동 (소리 내어) 웃다
2. 형 작은; 어린
3. 명 두 배

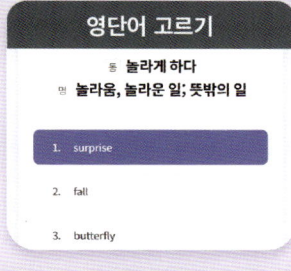
영단어 고르기
동 놀라게 하다
명 놀라움, 놀라운 일; 뜻밖의 일
1. surprise
2. fall
3. butterfly

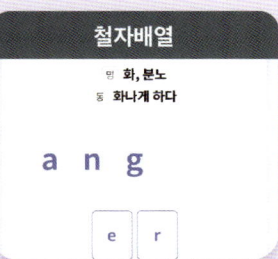
철자배열
명 화, 분노
동 화나게 하다
a n g
e r

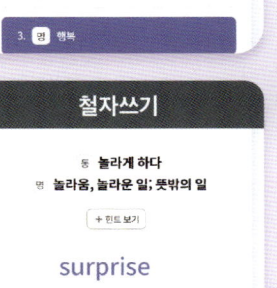
철자쓰기
동 놀라게 하다
명 놀라움, 놀라운 일; 뜻밖의 일
[+ 힌트 보기]
surprise

예문 철자쓰기
Q. 우리말과 일치하도록 문장을 완성하세요.
아이들은 어둠을 두려워한다.
Kids are afraid of the dark.
[+ 힌트 보기]

유반의어 고르기
anger 🔊
1. brown
2. judge
3. calm

OX퀴즈
afraid 🔊
형 두려워[무서워]하는, 겁내는, 염려하는
O X

 암기모드를 선택하면, 최적의 문제 모드를 자동 추천!

---

2 **미암기 단어는 단어장에! 외워질 때까지 반복 학습 GO!**

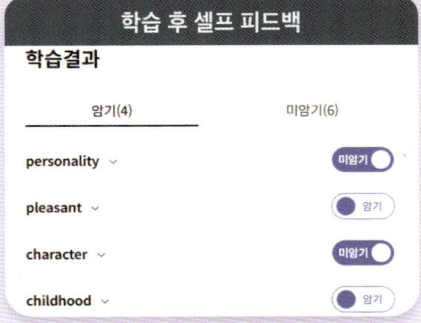
학습 후 셀프 피드백
학습결과
암기(4)   미암기(6)
personality ⌄   미암기 ⬤
pleasant ⌄   ⬤ 암기
character ⌄   미암기 ⬤
childhood ⌄   ⬤ 암기

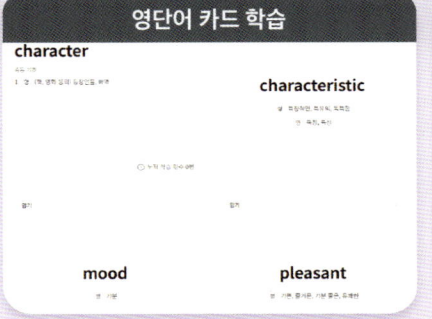
영단어 카드 학습
character
characteristic
mood   pleasant

틀린 단어만 추가 학습
프리미엄 보카 영단어 학습
1. 학습 개수 설정   2. 출제 유형 선택   3. 출제 순서 선택
뜻 고르기   뜻 고르기(예문)
영단어 고르기   철자 배열
철자 추가   철자 쓰기(예문)
유반의어 가리기   OX퀴즈

Words
30|40

와츠
리딩
What's Reading

WORKBOOK

Words

30|40

• WORKBOOK •

Unit 01 Summer Fruit

A 주어진 그림에 알맞은 단어와 우리말 뜻을 연결하세요.

1

 • • (perfect) • • (안에, 안쪽에)

2

 • • (inside) • • (달콤한)

3

 • • (sweet) • • (완벽한)

B 빈칸을 채워 단어를 완성한 후, 퍼즐 안에서 찾아 O표 하세요.

1 se__d   씨, 씨앗

2 h__althy   건강에 좋은

3 lar__e   (크기가) 큰

4 out__ide   곁에, 바깥에

c	h	h	w	f	n	f	a	l	x
w	f	e	v	t	z	t	u	a	i
b	t	n	a	c	y	k	g	r	l
j	v	o	l	l	g	o	t	g	p
h	z	b	u	n	t	t	v	e	l
s	e	e	d	t	t	h	k	q	a
t	r	n	v	c	s	k	y	m	h
p	z	s	g	w	m	i	q	y	y
c	k	n	m	d	l	j	d	o	t
u	a	v	f	d	v	g	e	e	b

● 정답과 해설 p.33

C 우리말에 맞게 주어진 단어로 문장을 완성하세요.

It's ~.	그것은 ~이다.

1 그것은 보라색이다. (purple)

→ _____.

2 그것은 달콤하다. (sweet)

→ _____.

3 그것은 매우 부드럽다. (very soft)

→ _____.

4 그것은 매우 작다. (very small)

→ _____.

D 우리말에 맞게 단어를 연결하고 빈칸에 완성된 문장을 쓰세요.

1 이것은 큰 과일이다.

This	is	a small fruit
That	has	a large fruit

.

→ _____.

2 그것은 갈색 씨도 가지고 있다.

It	has	brown juice
They	gets	brown seeds

, too.

→ _____.

3 너는 여름에 그것을 먹는다.

I	eat	it
You	take	them

in summer.

→ _____.

Unit 02

A Sweet Summer Snack

A 주어진 그림에 알맞은 단어와 우리말 뜻을 연결하세요.

1

 • • (add) • • (더하다, 추가하다)

2

 • • (cut) • • (놓다, 두다)

3

 • • (put) • • (자르다)

B 빈칸을 채워 단어를 완성한 후, 퍼즐 안에서 찾아 O표 하세요.

1 __owl   (우묵한) 그릇, 볼

2 b__ing   가져오다

3 rea__y   준비가 된

4 mil__   우유

q	p	n	f	c	k	b	m	x	b
m	o	z	r	r	z	w	e	d	o
i	y	u	d	e	b	r	d	k	w
l	j	u	k	a	a	y	d	p	l
k	v	k	e	e	f	d	o	n	q
y	p	r	d	c	b	t	y	t	x
e	k	o	d	b	q	m	c	h	u
a	z	m	r	y	n	k	p	n	u
y	c	x	j	f	x	m	i	p	d
b	v	b	r	i	n	g	e	g	c

C 우리말에 맞게 주어진 단어로 문장을 완성하세요.

| We put A in B. | 우리는 B 안에[에] A를 넣는다. |

1 우리는 카트에 사과를 넣는다. (the apple, the cart)

→ _____.

2 우리는 병에 쿠키를 넣는다. (the cookies, the jar)

→ _____.

3 우리는 방에 의자를 넣는다. (the chairs, the room)

→ _____.

4 우리는 팬에 버터를 넣는다. (the butter, the pan)

→ _____.

D 우리말에 맞게 단어를 연결하고 빈칸에 완성된 문장을 쓰세요.

1 엄마는 수박을 자른다.

| Dad | cuts | a lemon |
| Mom | makes | a watermelon |

→ _____.

2 그녀는 모든 것을 섞는다.

| He | puts | everything |
| She | mixes | something |

→ _____.

3 이제, 우리의 화채는 준비가 다 되었다.

Now,

| my Hwachae | is | busy |
| our Hwachae | are | ready |

→ _____.

Unit 03 — A Day with My Family

A 주어진 그림에 알맞은 단어와 우리말 뜻을 연결하세요.

1
 • • (dessert) • • (테이블, 식탁)

2
 • • (table) • • (청소하다, 닦다)

3
 • • (clean) • • (디저트, 후식)

B 빈칸을 채워 단어를 완성한 후, 퍼즐 안에서 찾아 O표 하세요.

1 __unch   점심 식사

2 kit__hen   부엌

3 hun__ry   배고픈

4 __oon   정오, 낮 12시

q	e	u	l	u	b	v	o	o	v
e	h	t	b	m	l	w	a	k	v
n	u	u	p	t	p	o	q	i	b
o	e	c	n	b	x	a	o	t	n
o	e	o	d	g	t	m	b	c	y
n	l	s	s	r	r	y	v	h	q
d	f	u	j	w	a	y	r	e	n
l	o	g	n	d	p	p	t	n	h
w	m	p	i	c	l	p	u	t	e
j	i	l	m	t	h	m	y	v	h

○ 정답과 해설 p.34

C 우리말에 맞게 주어진 단어로 문장을 완성하세요.

| **It's ~.** | ~이다[~해/~야]. |

1 10시야. (10 o'clock)

→ _____ .

2 오늘은 화창하다. (sunny today)

→ _____ .

3 금요일 오후이다. (Friday afternoon)

→ _____ .

4 오늘은 6월 5일이다. (June 5th today)

→ _____ .

D 우리말에 맞게 단어를 연결하고 빈칸에 완성된 문장을 쓰세요.

1 나는 내 침실을 청소한다.

| I | help | my bedroom | . |
| You | clean | my bathroom | . |

→ _____ .

2 모두 배가 고프다.

| No one | is | angry | . |
| Everyone | are | hungry | . |

→ _____ .

3 아빠는 점심 식사로 피자를 만든다.

| Dad | eats | pizza for lunch | |
| Mom | makes | pizza for dinner | . |

→ _____ .

Unit 04 A Family Meal

A 주어진 그림에 알맞은 단어와 우리말 뜻을 연결하세요.

1

• • talk • • 식사, 끼니

2

• • meal • • 말하다, 이야기하다

3

• • vegetable • • 채소

B 빈칸을 채워 단어를 완성한 후, 퍼즐 안에서 찾아 O표 하세요.

1 __ook   요리하다

2 toget__er   함께

3 le__s   더 적은

4 h__ppy   행복한

v	t	f	l	j	t	z	a	q	z
r	w	s	a	h	u	f	j	d	l
i	t	q	o	x	d	l	c	b	u
x	r	o	x	i	m	v	s	b	c
y	s	l	g	p	m	y	a	d	o
b	a	e	y	e	i	j	h	v	o
p	h	s	y	j	t	z	x	q	k
f	b	s	q	z	k	h	p	u	i
h	d	h	a	p	p	y	e	b	u
j	q	k	m	q	g	o	i	r	a

C 우리말에 맞게 주어진 단어로 문장을 완성하세요.

| We ~ together. | 우리는 함께 ~한다. |

1 우리는 함께 배운다. (learn)

→ _____ .

2 우리는 함께 노래한다. (sing)

→ _____ .

3 우리는 함께 축구를 한다. (play soccer)

→ _____ .

4 우리는 함께 학교를 간다. (go to school)

→ _____ .

D 우리말에 맞게 단어를 연결하고 빈칸에 완성된 문장을 쓰세요.

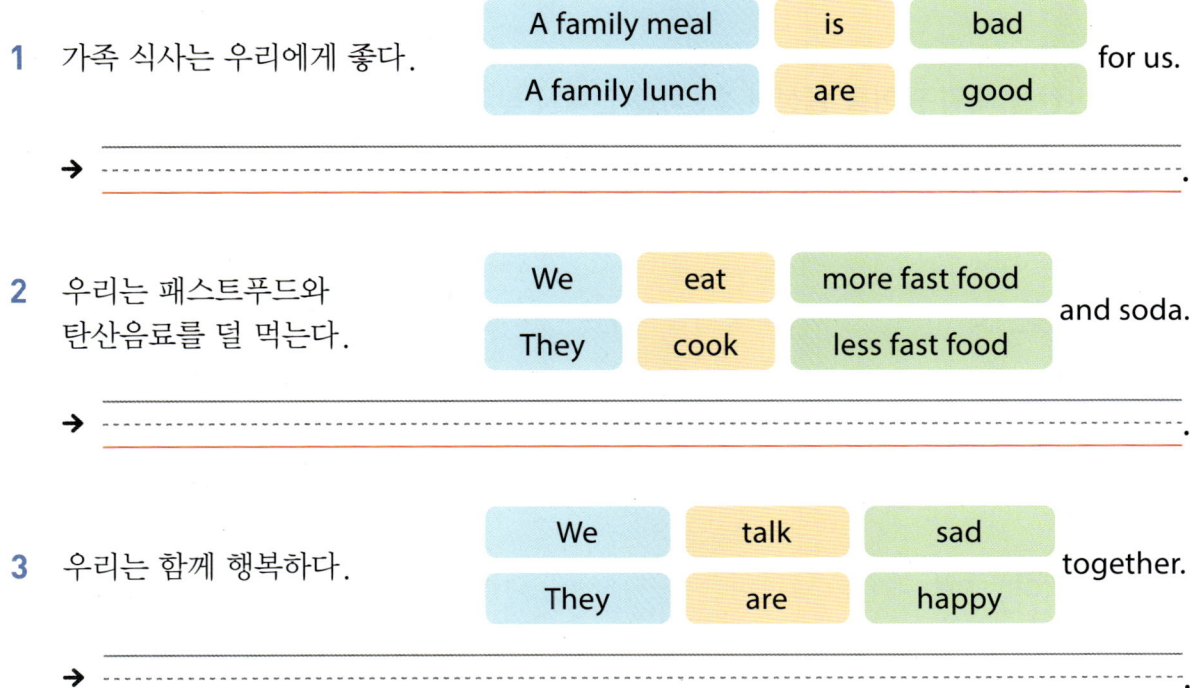

1 가족 식사는 우리에게 좋다.

A family meal · is · bad
A family lunch · are · good
for us.

→ _____ .

2 우리는 패스트푸드와 탄산음료를 덜 먹는다.

We · eat · more fast food
They · cook · less fast food
and soda.

→ _____ .

3 우리는 함께 행복하다.

We · talk · sad
They · are · happy
together.

→ _____ .

My Best Friends

A 주어진 그림에 알맞은 단어와 우리말 뜻을 연결하세요.

1

·

·
friend
·

·
(옷 등을)
입다, 신다, 쓰다

2

·

·
glasses
·

·
친구

3

·

·
wear
·

·
안경

B 빈칸을 채워 단어를 완성한 후, 퍼즐 안에서 찾아 O표 하세요.

1 __air   머리(카락)

2 li__e   ~와 같이, ~처럼

3 s__ort   짧은

4 bl__nd   금발의

f	b	n	n	l	o	d	o	b	i
s	l	k	h	a	i	r	n	m	u
r	o	z	s	a	s	k	j	t	j
u	n	w	n	j	h	k	e	t	o
r	d	t	j	i	o	k	j	t	z
e	r	z	d	z	r	y	b	w	l
h	y	a	d	v	t	l	y	v	f
z	g	n	f	c	i	m	b	w	r
n	s	k	v	r	s	a	r	j	q
q	v	f	r	j	c	k	y	d	t

C 우리말에 맞게 주어진 단어로 문장을 완성하세요.

He/She has ~.	그/그녀는 ~을[를] 가지고 있다.

1 그는 큰 발을 가지고 있다. (big feet)

→ _____ .

2 그녀는 작은 손을 가지고 있다. (small hands)

→ _____ .

3 그는 아름다운 눈을 가지고 있다. (beautiful eyes)

→ _____ .

4 그녀는 새 자전거를 가지고 있다. (a new bike)

→ _____ .

D 우리말에 맞게 단어를 연결하고 빈칸에 완성된 문장을 쓰세요.

1 그녀는 초록 눈을 가지고 있다.

He	has	green eyes
She	have	green hair

→ _____ .

2 그녀는 빨간 안경을 쓴다.

He	wears	red shoes
She	likes	red glasses

→ _____ .

3 하지만 그녀의 머리는 금발이다.

But

his hair	is	blond
her hair	are	black

→ _____ .

Good Friends

A 주어진 그림에 알맞은 단어와 우리말 뜻을 연결하세요.

1

· · learn · · 더 좋은, 나은

2

· · better · · 듣다, 귀 기울이다

3

· · listen to · · 배우다

B 빈칸을 채워 단어를 완성한 후, 퍼즐 안에서 찾아 O표 하세요.

1 gi__e   주다

2 anyt__ing   무엇이든

3 lesso__   교훈

4 under__tand 이해하다

w	d	p	l	k	a	m	l	n	t
m	q	b	e	j	a	y	k	d	e
w	j	p	s	e	n	t	y	r	j
c	g	b	s	f	y	s	g	c	q
f	i	n	o	d	t	r	j	b	f
q	v	g	n	p	h	i	t	k	w
h	e	b	o	p	i	e	v	q	w
g	c	w	p	t	n	e	o	u	x
t	t	j	b	t	g	r	q	h	c
u	n	d	e	r	s	t	a	n	d

○ 정답과 해설 p.35

C 우리말에 맞게 주어진 단어로 문장을 완성하세요.

We become ~.	우리는 ~해진다[~이 된다].

1 우리는 조용해진다. (quiet)

→ _____ .

2 우리는 더 똑똑해진다. (smarter)

→ _____ .

3 우리는 한 가족이 된다. (a family)

→ _____ .

4 우리는 반 친구가 된다. (classmates)

→ _____ .

D 우리말에 맞게 단어를 연결하고 빈칸에 완성된 문장을 쓰세요.

1 좋은 친구들은 무엇이든 도와준다.

| Bad friends | help | with nothing |
| Good friends | want | with anything |

→ _____ .

2 그들은 조언을 준다.

| We | get | advice |
| They | give | lessons |

→ _____ .

3 우리는 다른 사람들을 이해한다.

| We | trust | others |
| They | understand | us |

→ _____ .

A Fun Festival

A 주어진 그림에 알맞은 단어와 우리말 뜻을 연결하세요.

1  • • (miss) • • (~ 사이에)

2  • • (taste) • • (놓치다)

3  • • (between) • • (맛보다)

B 빈칸을 채워 단어를 완성한 후, 퍼즐 안에서 찾아 O표 하세요.

1 __oin   함께하다

2 cu__ture   문화

3 t__avel   여행하다

4 festi__al   축제

j	d	c	w	z	c	z	x	k	m
o	e	j	u	a	k	h	j	s	o
i	z	f	s	l	q	u	m	r	z
n	d	x	q	k	t	o	h	d	c
c	k	l	t	j	e	u	g	i	g
g	c	i	b	y	x	q	r	m	h
x	t	s	o	q	y	m	h	e	t
i	i	w	g	z	w	n	d	m	h
f	e	s	t	i	v	a	l	q	i
q	t	r	a	v	e	l	e	g	k

C 우리말에 맞게 주어진 단어로 문장을 완성하세요.

You can ~.	너는 ~할 수 있다.

1 너는 수영하러 갈 수 있다. (go swimming)

→ _____.

2 너는 질문을 할 수 있다. (ask questions)

→ _____.

3 너는 그 퍼즐을 해결할 수 있다. (solve the puzzle)

→ _____.

4 너는 파란색이나 빨간색을 선택할 수 있다. (choose blue or red)

→ _____.

D 우리말에 맞게 단어를 연결하고 빈칸에 완성된 문장을 쓰세요.

1 우리와 Culture Festival에 함께하자!

| Join | we | for the Food Festival | ! |
| Come | us | for the Culture Festival | ! |

→ _____!

2 너는 전 세계로 여행할 수 있다.

| We | can travel | around the city | . |
| You | can learn | around the world | . |

→ _____.

3 그것을 놓치지 마라.

| Do | miss | it | . |
| Don't | taste | them | . |

→ _____.

In the Classroom

A 주어진 그림에 알맞은 단어와 우리말 뜻을 연결하세요.

1 • • (raise) • (말하다)

2 • • (rule) • (들어 올리다)

3 • • (speak) • (규칙)

B 빈칸을 채워 단어를 완성한 후, 퍼즐 안에서 찾아 O표 하세요.

1 la__e   늦은, 지각한

2 __ollow   따르다

3 shou__   외치다, 소리 지르다

4 ans__er   답

```
d c i f i e w m y k
a j o s b p e z s m
j l c l h p y s t r
t n d a h o z f g b
k e r t z n u l m f
b c i e g g o t s o
d i p q f z a b z l
n i o z q i e a y l
a n s w e r d i v o
c e z e p v l z k w
```

정답과 해설 p.36

C 우리말에 맞게 주어진 단어로 문장을 완성하세요.

You should ~. You should not ~.	너는 ~해야 한다. 너는 ~하지 말아야 한다.

1 너는 네 방을 청소해야 한다. (clean your room)

→ _____ .

2 너는 최선을 다해야 한다. (do your best)

→ _____ .

3 너는 그 상자를 열지 말아야 한다. (open the box)

→ _____ .

4 너는 다른 사람들에게 무례하게 굴지 말아야 한다. (be rude to others)

→ _____ .

D 우리말에 맞게 단어를 연결하고 빈칸에 완성된 문장을 쓰세요.

1 배울 준비를 해라.

| Be | kind | to learn |
| Don't | ready | to listen |

→ _____ .

2 손을 들고 말해라.

| Learn | your arm | and speak |
| Raise | your hand | and shout |

→ _____ .

3 제시간에 수업에 와라.

| Go | to class | late |
| Come | to school | on time |

→ _____ .

A Day at the Mart

A 주어진 그림에 알맞은 단어와 우리말 뜻을 연결하세요.

1

· · (get) · · (얻다, 구하다)

2

· · (onion) · · (밀다)

3

· · (push) · · (양파)

B 빈칸을 채워 단어를 완성한 후, 퍼즐 안에서 찾아 O표 하세요.

1 ca__t   카트

2 __top   멈추다

3 s__ack   간식

4 ton__ght   오늘 밤

a	d	i	k	n	n	w	q	p	v
t	a	w	d	p	k	z	c	t	z
t	h	r	f	y	v	t	q	r	o
s	e	h	t	e	g	z	l	m	d
n	s	r	x	k	o	t	n	a	a
a	a	t	t	d	h	c	f	a	h
c	u	t	o	n	i	g	h	t	s
k	c	f	h	p	p	y	u	w	w
j	n	m	k	e	o	b	d	p	v
w	q	w	h	e	t	l	d	b	n

C 우리말에 맞게 주어진 단어로 문장을 완성하세요.

We get ~.	우리는 ~을[를] 산다.

1 우리는 사과들을 산다. (apples)

→ _____ .

2 우리는 약간의 채소를 산다. (some vegetables)

→ _____ .

3 우리는 엄마를 위한 꽃을 산다. (flowers for Mom)

→ _____ .

4 우리는 점심으로 샌드위치를 산다. (sandwiches for lunch)

→ _____ .

D 우리말에 맞게 단어를 연결하고 빈칸에 완성된 문장을 쓰세요.

1 엄마와 나는 마트에 간다.

Mom and I	go	to the mart	.
Mom and Dad	come	to the market	.

→ _____ .

2 우리는 오늘 밤을 위해 닭고기를 산다.

We	get	cheese	
They	have	chicken	for tonight.

→ _____ .

3 나는 내가 가장 좋아하는 쿠키를 집는다.

I	push	my favorite cart	.
You	pick up	my favorite cookies	.

→ _____ .

Yard Sale

A 주어진 그림에 알맞은 단어와 우리말 뜻을 연결하세요.

1  •   • (yard) •   • (방문하다)

2  •   • (visit) •   • (팔다)

3  •   • (sell) •   • (마당)

B 빈칸을 채워 단어를 완성한 후, 퍼즐 안에서 찾아 O표 하세요.

1 sa__e   절약하다, 아끼다

2 trea__ure   보물

3 c__eap   값이 싼, 저렴한

4 mar__et   시장

a	g	s	q	u	m	e	h	d	n
m	f	w	k	x	c	e	t	k	a
j	o	s	m	d	k	u	r	r	n
t	q	i	a	q	r	g	e	s	f
s	w	f	r	v	f	g	a	m	c
w	d	x	k	k	e	s	s	g	t
z	v	m	e	u	u	m	u	u	j
k	h	i	t	x	b	m	r	e	h
j	q	j	z	o	p	y	e	j	f
c	h	e	a	p	i	o	g	p	c

C 우리말에 맞게 주어진 단어로 문장을 완성하세요.

Do you ~?	너는 ~하니[해]?

1 너는 시간 있니? (have time)

→ _____ ?

2 너는 그를 아니? (know him)

→ _____ ?

3 너는 도움이 필요하니? (need help)

→ _____ ?

4 너는 쿠키를 원하니? (want a cookie)

→ _____ ?

D 우리말에 맞게 단어를 연결하고 빈칸에 완성된 문장을 쓰세요.

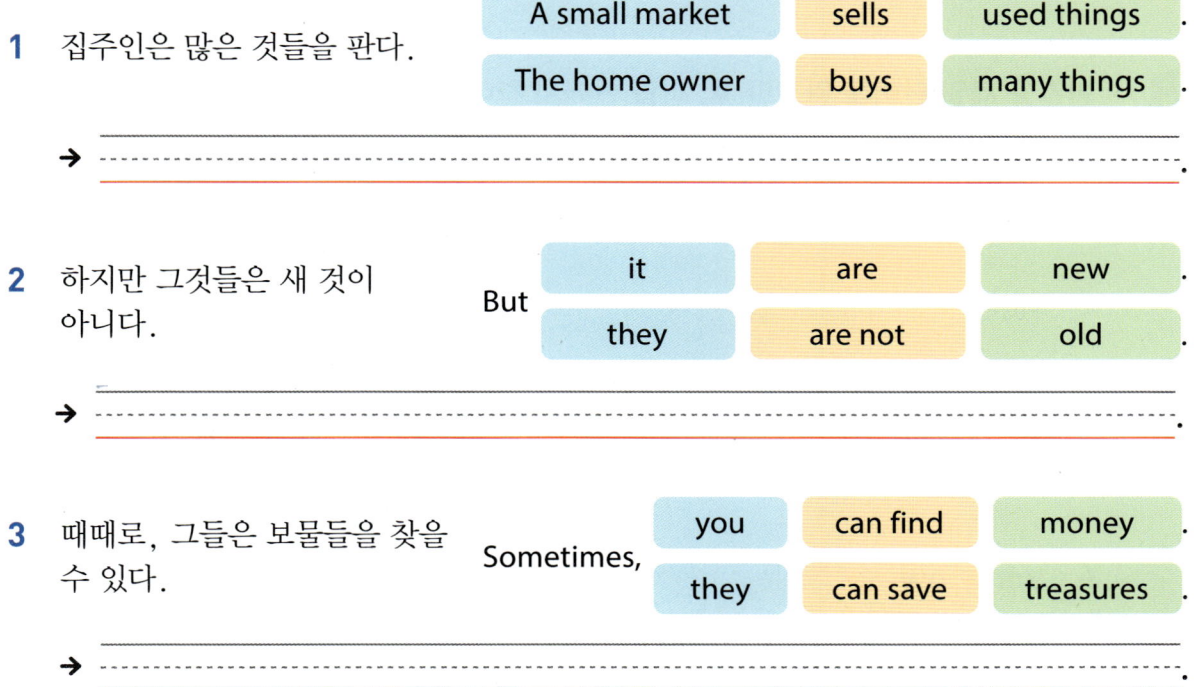

1 집주인은 많은 것들을 판다.

| A small market | sells | used things |
| The home owner | buys | many things |

→ _____ .

2 하지만 그것들은 새 것이 아니다.

But

| it | are | new |
| they | are not | old |

→ _____ .

3 때때로, 그들은 보물들을 찾을 수 있다.

Sometimes,

| you | can find | money |
| they | can save | treasures |

→ _____ .

Unit 10 **21**

A 주어진 그림에 알맞은 단어와 우리말 뜻을 연결하세요.

1  • • (blow) • • (앉다)

2  • • (playground) • • (놀이터)

3  • • (sit) • • (불다)

B 빈칸을 채워 단어를 완성한 후, 퍼즐 안에서 찾아 O표 하세요.

1 __ool   시원한

2 slee__   (잠을) 자다

3 o__en   열다

4 win__ow   창문

u	o	n	l	y	s	v	b	z	p
y	q	p	o	a	u	m	v	v	w
s	f	q	s	l	e	e	p	p	v
x	w	t	l	x	p	f	f	b	i
v	l	i	j	g	c	k	m	k	o
d	n	c	n	f	k	i	d	c	p
u	w	s	l	d	l	i	v	y	e
h	o	s	g	c	o	o	l	u	n
x	n	o	m	o	o	w	x	a	k
e	j	k	d	d	l	q	b	u	p

C 우리말에 맞게 주어진 단어로 문장을 완성하세요.

I can't ~.	나는 ~할 수 없다.

1 나는 춤을 출 수 없다. (dance)

→ _____.

2 나는 빨리 달릴 수 없다. (run fast)

→ _____.

3 나는 피아노를 칠 수 없다. (play the piano)

→ _____.

4 나는 네 말을 들을 수 없다[네 말이 들리지 않는다]. (you, hear)

→ _____.

D 우리말에 맞게 단어를 연결하고 빈칸에 완성된 문장을 쓰세요.

1 여름의 낮은 덥다.

| Summer days | is | hot |
| Summer nights | are | cool |

→ _____.

2 그래서 나는 나무 아래에 앉는다.

So
| I | sit | under a slide |
| You | sleep | under a tree |

→ _____.

3 그래서 나는 창문을 연다.

So
| I | open | the door |
| We | close | the window |

→ _____.

Fun Summer

A 주어진 그림에 알맞은 단어와 우리말 뜻을 연결하세요.

1

•   • enough •   • 재미있는

2

•   • fun •   • 충분한

3

•   • careful •   • 조심하는

B 빈칸을 채워 단어를 완성한 후, 퍼즐 안에서 찾아 O표 하세요.

1 we__r   (옷 등을) 입다,
신다, 쓰다

2 s__im   수영하다

3 dee__   깊이, 깊게

4 sa__e   안전한

q	y	y	n	k	s	x	x	i	p
d	e	e	p	q	h	w	b	h	h
r	r	q	k	b	v	z	f	d	h
t	s	k	x	o	h	n	f	y	m
g	j	b	l	m	v	s	w	i	m
r	s	s	r	e	u	m	n	q	q
j	b	s	d	y	v	u	s	r	j
y	o	s	y	z	s	h	a	d	u
f	d	u	m	b	w	e	f	k	x
c	j	p	w	b	w	d	e	f	c

정답과 해설 p.38

C 우리말에 맞게 주어진 단어로 문장을 완성하세요.

동사원형 ~. Don't 동사원형 ~.	~해라[해]. ~하지 마라.

1 칠판을 보아라. (the board, look at)

→ _____ .

2 손을 씻어라. (wash, your hands)

→ _____ .

3 그것에 대해 걱정하지 마라. (worry about it)

→ _____ .

4 그 우유를 마시지 마라. (that milk, drink)

→ _____ .

D 우리말에 맞게 단어를 연결하고 빈칸에 완성된 문장을 쓰세요.

1 너는 햇볕에서 놀 수 있다.

We	can be	in the sun
You	can play	in summer

→ _____ .

2 물을 충분히 마셔라.

Drink	cool	water
Wear	enough	hat

→ _____ .

3 너무 깊이 수영하지 마라.

Doesn't	swim	in the water
Don't	play	too deep

→ _____ .

Colorful Flowers

A 주어진 그림에 알맞은 단어와 우리말 뜻을 연결하세요.

1

・　　　・ water ・　　　・ 약한

2

・　　　・ weak ・　　　・ ~해지다, ~이 되다

3

・　　　・ become ・　　　・ 물을 주다

B 빈칸을 채워 단어를 완성한 후, 퍼즐 안에서 찾아 O표 하세요.

1 __row 　　자라다, 성장하다

2 str__ng 　　튼튼한, 강한

3 s__iny 　　빛나는

4 color__ul 　　알록달록한

d	s	h	i	n	y	s	y	d	k
b	g	v	h	h	i	x	n	y	u
t	r	w	c	l	k	t	v	k	q
p	o	u	o	e	y	e	o	p	x
h	w	m	k	a	b	v	k	x	o
q	a	l	e	p	b	t	g	q	p
g	a	c	o	l	o	r	f	u	l
q	s	j	m	s	j	d	l	b	h
w	n	w	v	s	t	r	o	n	g
p	u	e	w	f	k	v	o	g	x

C 우리말에 맞게 주어진 단어로 문장을 완성하세요.

| **They look ~.** | 그것들은[그들은] ~해 보인다. |

1 그들은 수줍어 보인다. (shy)

→ _____.

2 그들은 바빠 보인다. (busy)

→ _____.

3 그것들은 깨끗해 보인다. (clean)

→ _____.

4 그것들은 아름다워 보인다. (beautiful)

→ _____.

D 우리말에 맞게 단어를 연결하고 빈칸에 완성된 문장을 쓰세요.

1 나는 높은 건물들을 본다.

| I | see | tall flowers |
| You | look | tall buildings |

→ _____.

2 그것들은 튼튼해진다.

| It | begin | weak |
| They | become | strong |

→ _____.

3 도시는 알록달록해 보인다.

| The city | turns | gray |
| The park | looks | colorful |

→ _____.

Unit 14 Arctic Foxes

A 주어진 그림에 알맞은 단어와 우리말 뜻을 연결하세요.

1

• • change • • 풀

2

• • hide • • 숨다

3

• • grass • • 바꾸다, 변하다

B 빈칸을 채워 단어를 완성한 후, 퍼즐 안에서 찾아 O표 하세요.

1 __tay   ~인 채로 있다, 머무르다

2 f__r   털

3 t__ick   두꺼운, 숱이 많은

4 wi__ter   겨울

m	e	g	x	p	x	q	z	l	y
t	h	g	k	s	w	e	y	u	h
w	j	b	k	t	t	q	a	i	j
i	l	b	t	v	b	a	y	h	j
n	i	e	u	r	y	f	y	l	z
t	y	l	h	n	o	k	o	q	s
e	h	q	q	f	i	s	r	h	m
r	f	i	f	c	l	r	f	w	k
g	v	y	c	n	m	s	u	w	p
k	e	p	r	k	c	z	r	m	h

○ 정답과 해설 p.39

C 우리말에 맞게 주어진 단어로 문장을 완성하세요.

They stay ~.	그것들은[그들은] ~하게 있다.

1 그들은 안전하게 있다. (safe)

→ _____ .

2 그들은 행복하게 지낸다. (happy)

→ _____ .

3 그들은 조용하게 있다. (quiet)

→ _____ .

4 그들은 평화롭게 지낸다. (peaceful)

→ _____ .

D 우리말에 맞게 단어를 연결하고 빈칸에 완성된 문장을 쓰세요.

1 북극여우는 색이 변한다.

| Arctic foxes | make | fur |
| Arctic flowers | change | color |

→ _____ .

2 그들의 털은 길고 숱이 많다.

| Our fur | is | long and thick |
| Their fur | are | short and thin |

→ _____ .

3 그들은 풀 속에 숨을 수 있다.

| We | can hide | in the snow |
| They | can stay | in the grass |

→ _____ .

Colors of the Sky

A 주어진 그림에 알맞은 단어와 우리말 뜻을 연결하세요.

1

· · paint · · (해가) 지다

2

· · watch · · 보다, 지켜보다

3

· · go down · · (물감으로) 그리다

B 빈칸을 채워 단어를 완성한 후, 퍼즐 안에서 찾아 O표 하세요.

1 __ant   원하다, ~하고 싶다

2 u__set   속상한

3 a__ain   다시, 한 번 더

4 per__ect   완벽한

o	g	u	x	j	k	a	j	y	g
r	h	a	c	a	f	v	k	h	j
v	y	q	g	b	x	b	d	s	r
s	s	b	d	a	v	w	z	k	q
h	e	a	p	m	i	a	c	a	r
u	v	n	a	w	r	n	f	h	v
u	d	w	c	i	w	t	l	i	s
w	u	x	h	p	n	u	s	w	d
p	s	o	u	p	s	e	t	q	n
p	e	r	f	e	c	t	m	t	l

○ 정답과 해설 p.40

C 우리말에 맞게 주어진 단어로 문장을 완성하세요.

She/He wants to ~.	그녀는/그는 ~하기를 원한다[하고 싶다].

1 그녀는 여행 가기를 원한다. (travel)

→ _____.

2 그는 새 신발 사기를 원한다. (buy new shoes)

→ _____.

3 그녀는 용감해지고 싶다. (be brave)

→ _____.

4 그는 동물들을 돕기를 원한다. (help animals)

→ _____.

D 우리말에 맞게 단어를 연결하고 빈칸에 완성된 문장을 쓰세요.

1 이후, 그녀는 하늘을 본다.　Later,

| he | wants | the sky |
| she | watches | the sun |

→ _____.

2 하늘은 빨간색으로 변한다.

| The sea | comes | to red |
| The sky | changes | to pink |

→ _____.

3 그녀는 완벽한 하늘을 그린다.

| He | paints | a blue sky |
| She | mixes | a perfect sky |

→ _____.

Red and Yellow

A 주어진 그림에 알맞은 단어와 우리말 뜻을 연결하세요.

1  •

• around •

• 음식점, 식당

2  •

• restaurant •

• ~ 주위에,
주변에

3  •

• comfortable •

• 편안한

B 빈칸을 채워 단어를 완성한 후, 퍼즐 안에서 찾아 O표 하세요.

1 __ign   간판, 표지판

2 fee__   느끼다,
            ~한 기분이 들다

3 h__ngry   배고픈

4 th__se   이 ~, 이것들의

l	o	v	a	t	y	d	a	r	z
g	p	e	y	h	u	n	g	r	y
t	u	h	p	e	r	z	x	i	l
k	b	s	k	s	p	a	g	z	p
g	v	i	e	e	d	k	m	b	v
z	l	g	v	e	l	z	q	z	t
e	e	n	j	o	y	d	w	g	a
o	q	h	x	s	v	v	d	t	o
i	c	x	r	y	f	f	e	e	l
d	k	l	e	p	d	n	i	s	v

C 우리말에 맞게 주어진 단어로 문장을 완성하세요.

We feel ~.	우리는 ~한 기분이 든다.

1 우리는 운이 좋은 기분이 든다[운이 좋다]. (lucky)

➜ _____.

2 우리는 불 옆에서 따뜻한 기분이 든다[따뜻하다]. (warm, by the fire)

➜ _____.

3 우리는 학교가 끝난 후 피곤한 기분이 든다[피곤하다]. (tired, after school)

➜ _____.

4 우리는 아빠가 자랑스럽다. (proud of, our dad)

➜ _____.

D 우리말에 맞게 단어를 연결하고 빈칸에 완성된 문장을 쓰세요.

1 그것의 간판은 빨간색과 노란색이 아마 있을 것이다.

| His sign | may have | the colors red and blue | . |
| Its sign | may make | the colors red and yellow | . |

➜ _____.

2 우리는 빨간색을 볼 때, 배가 고프다.

When we see red,

| I | feel | hungry | . |
| we | look | comfortable | . |

➜ _____.

3 너는 아마 방문해 음식을 먹고 싶을 것이다!

| I | may need | to visit and eat | ! |
| You | may want | to look and eat | ! |

➜ _____!

MEMO

MEMO

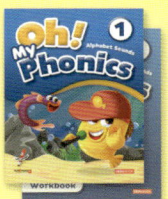 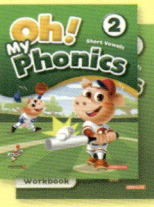
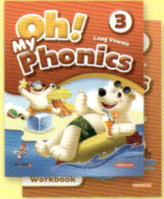 

 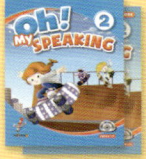
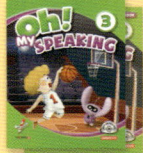 

LISTENING Q

중학영어듣기 모의고사 시리즈

❶ 최신 기출을 분석한 유형별 공략

· 최근 출제되는 모든 유형별 문제 풀이 방법 제시
· 오답 함정과 정답 근거를 통해 문제 분석
· 꼭 알아두어야 할 주요 어휘와 표현 정리

❷ 실전모의고사로 문제 풀이 감각 익히기

실전 모의고사 20회로 듣기 기본기를 다지고,
고난도 모의고사 4회로 최종 실력 점검까지!

❸ 매 회 제공되는 받아쓰기 훈련 (딕테이션)

· 문제풀이에 중요한 단서가 되는
  핵심 어휘와 표현을 받아 적으면서 듣기 훈련!
· 듣기 발음 중 헷갈리는 발음에 대한 '리스닝 팁' 제공
· 교육부에서 지정한 '의사소통 기능 표현' 정리

❶ 배속 선택 옵션

❷ 전체 문항 듣기

❸ 문항 하나씩 듣기

**무료 제공 MP3와 QR코드로
효율적인 듣기 학습!**

쎄듀

초 등 코 치

천일문 *sentence*

1,001개 통문장 암기로 영어의 기초 완성

1 | 초등학생도 쉽게 따라 할 수 있는 암기 시스템 제시

2 | 암기한 문장에서 자연스럽게 문법 규칙 발견

3 | 영어 동화책에서 뽑은 빈출 패턴으로 흥미와 관심 유도

4 | 미국 현지 초등학생 원어민 성우가 녹음한 생생한 MP3

5 | 세이펜(음성 재생장치)을 활용해 실시간으로 듣고 따라 말하는 효율적인 학습 가능
　　 Role Play 기능을 통해 원어민 친구와 1:1 대화하기!

　 * 기존 보유하고 계신 세이펜으로도 핀파일 업데이트 후 사용 가능합니다.
　 * Role Play 기능은 '레인보우 SBS-1000' 이후 기종에서만 기능이 구현됩니다.

내신, 수능, 말하기, 회화
목적은 달라도
시작은 초등코치 천일문!

with
세이펜

• 연계 & 후속 학습에 좋은 초등코치 천일문 시리즈 •

**초등코치 천일문
GRAMMAR 1, 2, 3**
-
1,001개 예문으로
배우는 초등 영문법

**초등코치 천일문
VOCA & STORY 1, 2**
-
1001개의 초등 필수 어휘와
짧은 스토리

쎄듀

EGU 시리즈 소개

EGU 서술형 기초 세우기

영단어&품사

서술형·문법의 기초가 되는
영단어와 품사 결합 학습

문장 형식

기본 동사 32개를 활용한
문장 형식별 학습

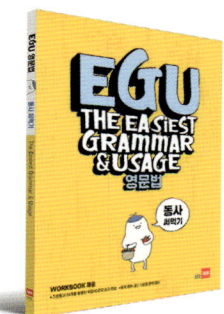

동사 써먹기

기본 동사 24개를 활용한
확장식 문장 쓰기 연습

EGU 서술형·문법 다지기

문법 써먹기

개정 교육 과정
중1 서술형·문법 완성

구문 써먹기

개정 교육 과정
중2, 중3 서술형·문법 완성

쎄듀

왓츠 리딩

What's Reading

정답과 해설

왓츠 리딩
What's Reading

Words
30|40

· 정답과 해설 ·

p.09 **Look UP**	**B** **1** large	**2** inside	**3** perfect	
p.11 **Check UP**	**1** ②	**2** (a) × (b) ○	**3** ⓐ juicy ⓑ perfect	
p.11 **Check the Pattern**	**1** 그것은, 건강에 좋다	**2** 그것은, 초록색이다		
p.12 **Pattern UP**	**1** It's sour	**2** It's tall	**3** It's blue	
p.12 **Sum UP**	ⓐ large	ⓑ green	ⓒ brown	ⓓ perfect

Check UP

1 '이것'은 큰 과일로 달콤하고 즙이 많으며, 안은 빨간색이거나 분홍색이라고 했다. 또한 안에는 갈색 씨가 있고, 여름에 먹는 과일이라고 하는 내용으로 보아, '이것'은 수박을 가리킨다는 것을 알 수 있다.

2 (a) 달콤하고 즙이 많으며 건강에도 매우 좋다고(It's sweet and juicy. It's very healthy, too.) 했으므로 글의 내용과 틀리다.

(b) 안은 빨간색 또는 분홍색이며(It's red or pink inside.) 겉은 초록색이라고(It's green outside.) 했다.

Sum UP

보기	갈색의	완벽한	초록색의	(크기가) 큰

크기	이것은 ⓐ 큰 과일이다.
색깔	그것은 안이 빨간색이거나 분홍색이다. 그것은 겉이 ⓑ 초록색이다.
씨	그것은 ⓒ 갈색 씨를 가지고 있다.
그 외	그것은 더운 날에 ⓓ 완벽하다.

◉ 지문 살펴보기

Summer Fruit
여름 과일

① This is a large fruit.
이것은 큰 과일이에요.

주요 어휘

summer	여름
fruit	과일
large	(크기가) 큰

2 It's sweet and juicy.
그것은 달콤하고 즙이 많아요.

3 It's very healthy, too.
그것은 매우 건강에 좋기도 해요.

4 It's red or pink inside.
그것은 안이 빨간색이거나 분홍색이에요.

5 It's green outside.
그것은 겉이 초록색이에요.

6 It has brown seeds, too.
그것은 갈색 씨도 가지고 있어요.

7 You eat it in summer.
여러분은 여름에 그것을 먹어요.

8 It's perfect on a hot day.
그것은 더운 날에 완벽해요.

sweet	달콤한
juicy	즙이 많은
healthy	건강에 좋은
inside	안에, 안쪽에
outside	겉에, 바깥에
seed	씨, 씨앗
perfect	완벽한
hot	더운, 뜨거운

● 주요 문장 확인하기

2 It's <u>sweet</u> **and** <u>juicy</u>.
　　　　보어1　　　보어2
→ and는 '～와'라는 의미이며, 여기서 sweet과 juicy를 연결한다.
→ sweet과 juicy는 주어 It을 보충 설명한다.

4 It's red **or** pink inside.
→ or는 '또는, ～이나'라는 의미이며, 여기서 red와 pink를 연결한다.

7 You eat it **in** summer.　　**8** It's perfect **on** a hot day.
→ 계절 앞에는 전치사 in을 사용하며, 특정한 날, 요일 등 앞에는 전치사 on이 온다.

p.13 **Look UP**	**B** **1** put	**2** bring	**3** ready
p.15 **Check UP**	**1** ③	**2** (a) × (b) ×	**3** ②
p.15 **Check the Pattern**	**1** 수박을 넣는다	**2** 우유를 넣는다	
p.16 **Pattern UP**	**1** We put the toys **3** We put the dishes		**2** We put the flowers
p.16 **Sum UP**	2 → 1 → 3		

Check UP

1 글쓴이 '내'가 엄마와 함께 수박화채를 만든다는 내용이므로 정답은 ③이다.

2 (a) 엄마가 수박을 자른다고(Mom cuts a watermelon.) 했으므로 글의 내용과 틀리다.

    (b) 엄마가 모든 재료를 섞는다고(She mixes everything.) 했으므로 글의 내용과 틀리다.

3 화채에 들어가는 재료는 레몬 소다, 우유, 그리고 얼음이라고(We put lemon soda and milk in it. Then Mom adds ice.) 했지만, 레몬에 대한 내용은 글에 없다. 따라서 정답은 ②이다.

Sum UP

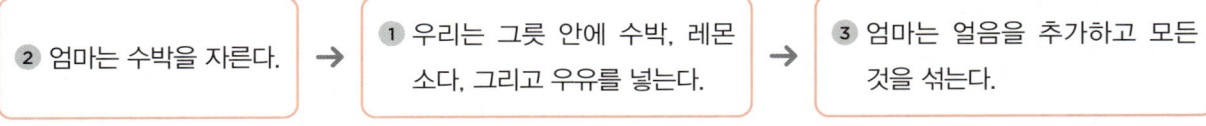

| ② 엄마는 수박을 자른다. | → | ① 우리는 그릇 안에 수박, 레몬 소다, 그리고 우유를 넣는다. | → | ③ 엄마는 얼음을 추가하고 모든 것을 섞는다. |

☞ 지문 살펴보기

A Sweet Summer Snack
달콤한 여름 간식

① Today's very hot.
오늘은 매우 더워요.

② So Mom and I make Hwachae.
그래서 엄마와 나는 화채를 만들어요.

③ Mom cuts a watermelon.
엄마는 수박을 잘라요.

④ I bring a bowl.
저는 그릇을 가져와요.

주요 어휘

snack	간식
today	오늘
make	만들다
cut	자르다
watermelon	수박
bring	가져오다
bowl	(우묵한) 그릇, 볼

⑤ We put the watermelon in it.
우리는 그것 안에 수박을 넣어요.

⑥ We put lemon soda and milk in it.
우리는 그것 안에 레몬 소다와 우유를 넣어요.

⑦ Then Mom adds ice.
그다음 엄마는 얼음을 추가해요.

⑧ She mixes everything.
그녀는 모든 것을 섞어요.

⑨ Now, our Hwachae is ready.
이제, 우리의 화채는 준비가 다 되었어요.

put	놓다, 두다
soda	탄산음료
milk	우유
add	더하다, 추가하다
ice	얼음
mix	섞다
everything	모든 것
ready	준비가 된

● 주요 문장 확인하기

② So <u>Mom</u> **and** I <u>make</u> <u>Hwachae</u>.
　　　　주어　　　동사　　목적어
→ 주어 Mom과 I는 and로 연결되어 있다.

⑤ <u>We</u> <u>put</u> <u>the watermelon</u> **in** it.
　　주어 동사　　　목적어
→ 장소를 나타내는 전치사 in은 '〜 안에' 라는 의미이다.

Wrap Up | Unit 01-02 　　　　　　　　　　　　pp.17 – 18

A 1 (B) 　　　　　2 (C) 　　　　　3 (A)

B 1 sweet 　　　2 outside 　　　3 add 　　　　4 ready

C 1 juicy 　　　　2 watermelon 　　3 healthy 　　4 milk

D 1 We put the clothes 　　　　　　2 It's heavy
　　3 We put the books in the bag 　　4 It's cheap

03 A Day with My Family

p.19 **Look UP**	**B** 1 clean	2 morning	3 hungry	
p.21 **Check UP**	1 ②	2 ①	3 ③	
p.21 **Check the Pattern**	1 일요일 아침이다	2 정오[낮 12시]이다		
p.22 **Pattern UP**	1 It's very hot	2 It's 1 o'clock	3 It's May 24th	
p.22 **Sum UP**	a clean	b noon	c hungry	d table

Check UP

1 글쓴이 '나'의 가족이 일요일 아침부터 낮 12시가 되었을 때까지 한 일에 대한 내용이므로 정답은 ②이다.

2 '나'는 자신의 침실을 청소한다고(I clean my bedroom.) 했다.

3 '나'의 아빠는 화장실을 청소하고 점심으로 피자를 만든다고(Dad cleans the bathroom. ~ Dad makes pizza for lunch.) 했다. 테이블을 닦은 사람은 '나'이다.

Sum UP

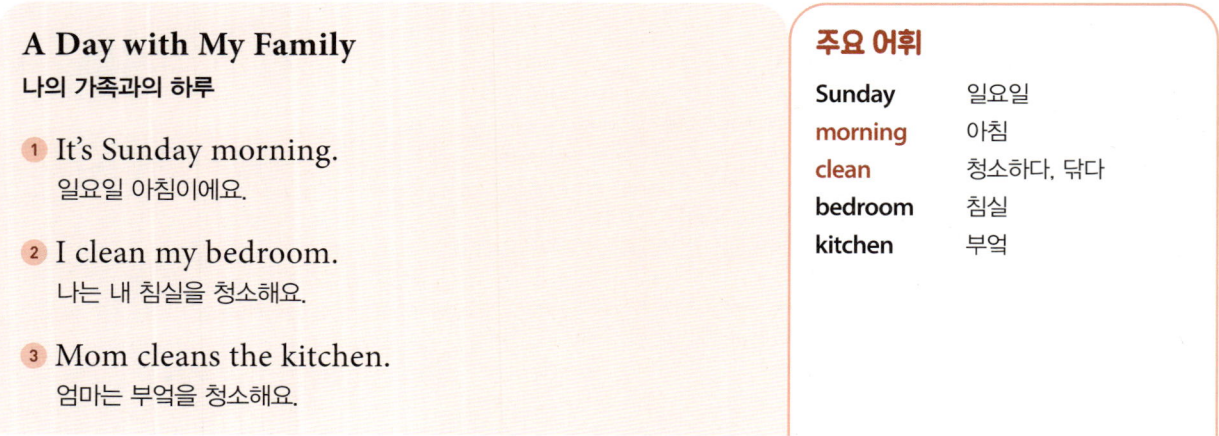

보기	정오	테이블	배고픈	청소하다

아침에	**b** 정오에
우리 가족은 집을 청소한다. 나는 내 침실을 **a** 청소한다.	모두가 **c** 배고프다. 아빠는 피자를 만든다. 나는 **d** 테이블을 닦는다.

지문 살펴보기

A Day with My Family
나의 가족과의 하루

1 It's Sunday morning.
일요일 아침이에요.

2 I clean my bedroom.
나는 내 침실을 청소해요.

3 Mom cleans the kitchen.
엄마는 부엌을 청소해요.

주요 어휘

Sunday	일요일
morning	아침
clean	청소하다, 닦다
bedroom	침실
kitchen	부엌

④ Dad cleans the bathroom.
아빠는 화장실을 청소해요.

⑤ It's noon.
낮 12시예요.

⑥ Everyone is hungry.
모두 배가 고파요.

⑦ Dad makes pizza for lunch.
아빠는 점심 식사로 피자를 만들어요.

⑧ I clean the table.
나는 테이블을 닦아요.

⑨ And Mom?
그리고 엄마는요?

⑩ She makes cookies for dessert!
엄마는 디저트로 쿠키를 만들어요!

bathroom	화장실
noon	정오, 낮 12시
everyone	모두, 모든 사람
hungry	배고픈
lunch	점심 식사
table	테이블, 식탁
dessert	디저트, 후식

● **주요 문장 확인하기**

① **It**'s Sunday morning.　　　　⑤ **It**'s noon.
→ 요일, 날씨, 시간을 말할 때 It은 '그것'이라고 해석하지 않는다.

⑥ Everyone **is** hungry.
→ Everyone 뒤에는 단수동사 is가 온다.

○4 A Family Meal

pp.23 - 26

p.23 **Look UP**	**B** 1 meal	2 talk	3 more	
p.25 **Check UP**	1 ③	2 (a) ○ (b) ○	3 ⓐ bodies ⓑ family	
p.25 **Check the Pattern**	1 우리는 함께	2 우리는 함께 이야기한다		
p.26 **Pattern UP**	1 We eat together		2 We travel together	
	3 We make cookies together			
p.26 **Sum UP**	ⓐ more	ⓑ less	ⓒ cook	ⓓ together

Check UP

1 가족 식사가 우리에게 좋은 이유를 설명하는 내용으로 정답은 ③이다.

2 (a) 가족 식사의 좋은 점으로 과일과 채소를 더 많이 먹게 된다고(We eat more fruits and vegetables.) 했다.

(b) 가족 식사를 통해 함께 요리하고 이야기하면서 행복해진다고(We are happy together.) 했다.

Sum UP

보기	요리하다	더 많은	함께	더 적은

가족 식사는 우리 몸에 좋다.	가족 식사는 우리 가족에게 좋다.
우리는 **a** 더 많은 과일과 채소를 먹는다. 우리는 **b** 더 적은 패스트푸드와 탄산음료를 먹는다.	우리는 함께 **c** 요리한다. 우리는 **d** 함께 이야기한다.

● 지문 살펴보기

A Family Meal
가족 식사

① A family meal is good for us.
가족 식사는 우리에게 좋아요.

② It's good for our bodies.
그것은 우리 몸에 좋아요.

③ We eat more fruits and vegetables.
우리는 과일과 채소를 더 많이 먹어요.

④ We eat less fast food and soda.
우리는 패스트푸드와 탄산음료를 덜 먹어요.

⑤ It's good for our family.
그것은 우리 가족에게 좋아요.

⑥ We cook together.
우리는 함께 요리해요.

⑦ We talk together.
우리는 함께 이야기해요.

⑧ We are happy together.
우리는 함께 행복해요.

주요 어휘

meal	식사, 끼니
good	좋은
body	몸, 신체
eat	먹다
more	더 많은
less	더 적은
fruit	과일
vegetable	채소
fast food	패스트푸드
soda	탄산음료
cook	요리하다
together	함께
talk	말하다, 이야기하다
happy	행복한

● 주요 문장 확인하기

② **It**'s good for our bodies.   **⑤** **It**'s good for our family.

→ 여기서 It은 대명사로 '그것'이라고 해석한다.

⑧ <u>We</u> <u>are</u> **<u>happy</u>** together.
주어   동사   보어

→ 형용사 happy는 주어 We를 보충 설명한다.

Wrap Up | Unit 03-04   pp.27 – 28

A **1** (C)   **2** (B)   **3** (A)

B **1** more   **2** Vegetables   **3** dessert   **4** clean

C **1** morning   **2** noon   **3** cook   **4** talk

D **1** It's 11 o'clock   **2** We dance together   **3** It's March 10th

    4 We sit together

---

05 My Best Friends   pp.29 – 32

p.29 Look UP	**B 1** friend	**2** wear	**3** short
p.31 Check UP	**1** ②	**2** ①	**3** (a) Emily (b) Emma (c) Sally
p.31 Check the Pattern	**1** 가지고 있다	**2** 머리를 가지고 있다	
p.32 Pattern UP	**1** She has brown hair	**2** She has curly hair	
	3 He has black eyes		
p.32 Sum UP	**a** has **b** glasses	**c** brown	**d** hair

Check UP

1 글쓴이 '나'의 가장 친한 친구들의 생김새를 설명하면서 소개하는 내용이므로 정답은 ②이다.

2 '내' 머리 길이는 Emily처럼 길다고(She has long hair, just like me.) 했으며, 친한 친구들의 이름은 Sally, Emma, Emily라고 했다. 하지만 글쓴이의 이름에 대한 내용은 글에 없다.

3 (a) Emily는 파란 눈과 긴 금발 머리가 있다고(She has blue eyes ~ her hair is blond.) 했다.

    (b) Emma는 갈색 눈과 짧은 검은 머리가 있다고(She has brown eyes ~ short black hair.) 했다.

    (c) Sally는 초록 눈이 있고 빨간 안경을 쓴다고(She has green eyes ~ wears red glasses.) 했다.

Sum UP

| 머리 | 가지고 있다 | 갈색의 | 안경 |

Sally

그녀는 초록 눈을 **a** 가지고 있다. 그녀는 빨간 **b** 안경을 쓴다.

Emma

그녀는 **c** 갈색 눈을 가지고 있다. 그녀는 짧은 검은 머리를 가지고 있다.

Emily

그녀는 파란 눈을 가지고 있다. 그녀는 긴 금발 **d** 머리를 가지고 있다.

🔊 지문 살펴보기

My Best Friends
나의 가장 친한 친구들

① I have three best friends.
저는 세 명의 가장 친한 친구들이 있어요.

② This is Sally.
이 사람은 Sally예요.

③ She has green eyes.
그녀는 초록 눈을 가지고 있어요.

④ She wears red glasses.
그녀는 빨간 안경을 써요.

⑤ This is Emma.
이 사람은 Emma예요.

⑥ She has brown eyes.
그녀는 갈색 눈을 가지고 있어요.

⑦ She has short black hair.
그녀는 짧은 검은 머리를 가지고 있어요.

⑧ This is Emily.
이 사람은 Emily예요.

⑨ She has blue eyes.
그녀는 파란 눈을 가지고 있어요.

⑩ She has long hair, just like me.
그녀는 긴 머리를 가지고 있어요, 꼭 저처럼요.

⑪ But her hair is blond.
하지만 그녀의 머리는 금발이에요.

주요 어휘

friend	친구
best friend	가장 친한 친구
eye	눈, 눈동자
wear	(옷 등을) 입다, 신다, 쓰다
glasses	안경
short	짧은
long	긴
hair	머리(카락)
just	꼭, 딱
like	~와 같이, ~처럼
blond	금발의

주요 문장 확인하기

1 I **have** three best friends.　　**3** She **has** green eyes.

→ 주어가 3인칭 단수형일 때는 동사 have를 has로 쓴다.

10 She has long hair, just **like** me.

→ 여기서 like는 '~와 같이, ~처럼'라는 의미의 전치사이다.

06 Good Friends

pp.33 – 36

p.33 **Look UP**	**B** **1** learn	**2** give	**3** understand
p.35 **Check UP**	**1** ①	**2** (a) ○ (b) ○ (c) ○	**3** **a** give **b** help
p.35 **Check the Pattern**	**1** 더 강해진다	**2** 우리는 더 좋은 사람들이 된다	
p.36 **Pattern UP**	**1** We become sleepy　　**2** We become scared **3** We become close friends		
p.36 **Sum UP**	**a** friends　　**b** listen　　**c** understand　　**d** better		

Check UP

1 좋은 친구의 여러 좋은 점을 설명하면서, 그들이 우리가 더 좋은 사람이 될 수 있게 해준다는 내용이므로 정답은 ①이다.

2 (a) 좋은 친구는 우리의 말을 들어준다고(They listen to us.) 했으므로 글의 내용과 맞다.

(b) 우리는 친구로부터 여러 교훈을 배우는데, 그중 하나는 다른 사람들을 이해하는 것이라고(We understand others.) 했으므로 글의 내용과 맞다.

(c) 친구를 통해 더 좋은 사람이 될 수 있다고(We become better people.) 했으므로 글의 내용과 맞다.

Sum UP

보기			
듣다	친구들	더 좋은	이해하다

좋은 **a** 친구들은 무엇이든지 돕는다. 그들은 우리의 말을 **b** 들어주고 교훈을 준다. 좋은 친구들 때문에, 우리는 다른 사람들을 **c** 이해하고 돕는다. 그들과 함께라면, 우리는 더 강해지고 **d** 더 좋은 사람이 된다.

Good Friends
좋은 친구들

1 Good friends help with anything.
좋은 친구들은 무엇이든 도와줘요.

2 They listen to us.
그들은 우리의 말을 들어줘요.

3 They give advice.
그들은 조언을 줘요.

4 They stand by us.
그들은 우리의 곁에 있어 줘요.

5 We learn lessons from friends, too.
우리는 친구들에게서 교훈을 얻기도 해요.

6 We understand others.
우리는 다른 사람들을 이해해요.

7 And we help others.
그리고 우리는 다른 사람들을 도와요.

8 With friends, we become stronger.
친구들과 함께라면, 우리는 더 강해져요.

9 We become better people.
우리는 더 좋은 사람이 돼요.

주요 어휘

help	돕다
anything	무엇이든
listen to	듣다, 귀 기울이다
give	주다
give advice	조언을 주다
stand by	~의 곁에 있어 주다
learn	배우다
lesson	교훈
understand	이해하다
other	다른 사람
become	~해지다, ~이 되다
strong	강한
stronger	더 강한
better	더 좋은, 나은
people	사람들

● 주요 문장 확인하기

8 With friends, <u>we</u> <u>become</u> <u>**stronger**</u>.
　　　　　　　주어　동사　　보어

9 <u>We</u> <u>become</u> <u>**better** people</u>.
　주어　동사　　보어

→ become 뒤에 형용사가 올 때는 '~해지다'라고 해석하며, 명사가 올 때는 '~이 되다'라고 해석한다.

→ stronger는 '더 강한'이라는 의미로 strong의 비교급이다.

→ better는 '더 좋은, 나은'이라는 의미로 good의 비교급이다.

Wrap Up | Unit 05-06 　　　　　　　　　　pp.37 – 38

A　1 (B)　　　　2 (C)　　　　3 (A)

B　1 wear　　　2 glasses　　3 long　　　4 listen

C　1 eyes　　　2 short　　　3 stronger　　4 better

D　1 She has long brown hair　2 We become busy　3 He has a black watch

　4 We become a team

07 A Fun Festival

pp.39 – 42

p.39 Look UP	**B 1** festival	**2** taste	**3** travel	
p.41 Check UP	**1** ③	**2** (a)✕ (b)○ (c)✕	**3** ③	
p.41 Check the Pattern	**1** 맛볼 수 있다	**2** 여행할 수 있다		
p.42 Pattern UP	**1** You can see the stars	**2** You can watch movies		
	3 You can go skiing			
p.42 Sum UP	**a** festival	**b** between	**c** taste	**d** cultures

Check UP

1 축제 관련 날짜, 시간, 장소, 그리고 행사 내용에 대해 설명하면서 마지막에는 축제를 놓치지 말라는(Don't miss it.) 내용을 보아 정답은 ③이다.

2 (a) 축제는 5월 10일에 열린다고(When: Friday, May 10, between 2 and 5 p.m.) 했으므로 글의 내용과 틀리다.

(b) 축제는 Sky 초등학교 체육관에서 열린다고(Where: Sky Elementary School Gym) 했으므로 글의 내용과 맞다.

(c) 축제에서 전 세계의 음식을 맛볼 수 있다고(You can taste foods around the world.) 했으므로 글의 내용과 틀리다.

3 축제에 관한 일정(Friday, May 10, between 2 and 5 p.m.)과 행사 내용(~ taste foods ~ learn about different cultures.)은 글에 있지만, 입장료에 대한 내용은 글에 없다.

Sum UP

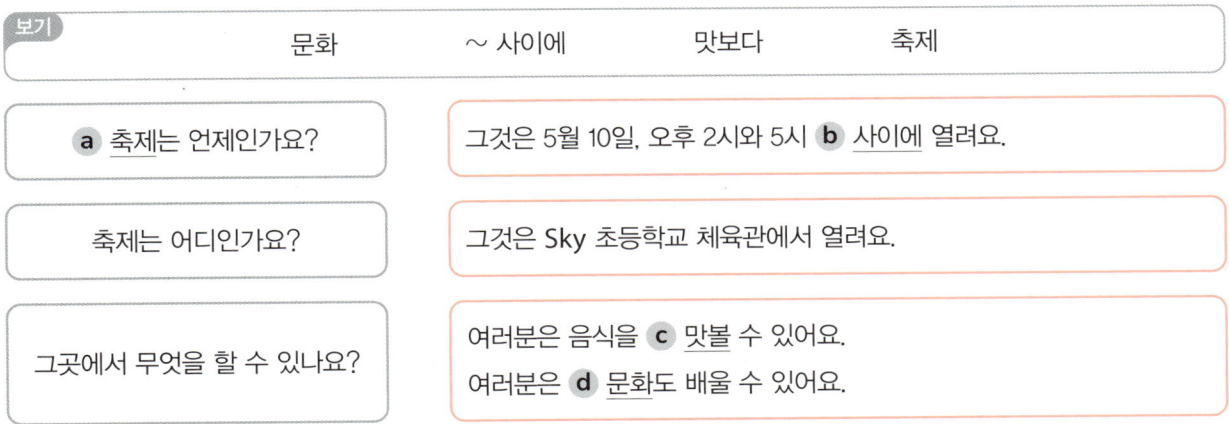

보기				
	문화	~ 사이에	맛보다	축제

a 축제는 언제인가요?	그것은 5월 10일, 오후 2시와 5시 **b** 사이에 열려요.
축제는 어디인가요?	그것은 Sky 초등학교 체육관에서 열려요.
그곳에서 무엇을 할 수 있나요?	여러분은 음식을 **c** 맛볼 수 있어요. 여러분은 **d** 문화도 배울 수 있어요.

● 지문 살펴보기

A Fun Festival
재미있는 축제

① Join us for the Culture Festival!
우리와 Culture Festival에 함께해요!

② When: Friday, May 10, between 2 and 5 p.m.
언제: 5월 10일 금요일, 오후 2시에서 5시 사이

③ Where: Sky Elementary School Gym
어디에서: Sky 초등학교 체육관

④ You can taste foods around the world.
여러분은 전 세계의 음식들을 맛볼 수 있어요.

⑤ You can learn about different cultures.
여러분은 다른 문화를 배울 수 있어요.

⑥ You can travel around the world.
여러분은 전 세계로 여행할 수 있어요.

⑦ Don't miss it.
그것을 놓치지 마세요.

주요 어휘

festival	축제
join	함께하다
culture	문화
between	～ 사이에
elementary school	초등학교
gym	체육관
taste	맛보다
food	음식
around the world	전 세계의, 전 세계로
different	다른
travel	여행하다
miss	놓치다

● 주요 문장 확인하기

① **Join** us for the Culture Festival!
➜ 〈동사원형 ～〉은 '～해라'라는 의미의 명령문이다.

② When: Friday, May 10, **between** 2 **and** 5 p.m.
➜ 〈between A and B〉는 'A와 B 사이에'라는 의미이다.

④ You **can** taste *foods* [around the world].
　　주어　　동사　　　　　　목적어
➜ 〈can+동사원형〉은 '～할 수 있다'라는 의미이다.
➜ around the world는 앞에 있는 foods를 뒤에서 꾸며 준다.

8 In the Classroom

p.43 **Look UP**	**B** **1** late	**2** speak	**3** Raise
p.45 **Check UP**	**1** ②	**2** ②	**3** ⓐ Listen ⓑ follow
p.45 **Check the Pattern**	**1** 가져와야 한다	**2** 너는 늦지[지각하지] 말아야 한다	
p.46 **Pattern UP**	**1** You should read a book	**2** You should eat vegetables	
	3 You should be careful		
p.46 **Sum UP**	ⓐ rules	ⓑ ready	ⓒ Raise ⓓ late

Check UP

1 교실에서 지켜야 하는 규칙과 그에 대한 예시를 설명하는 내용이므로 정답은 ②이다.

2 답을 외쳐선 안 된다고(You should not shout answers.) 했으므로 글의 내용을 잘못 이해한 사람은 ②이다.

Sum UP

보기 들어 올리다   규칙   지각한   준비가 된

교실 ⓐ 규칙을 지켜라.

- 배울 ⓑ 준비가 되어 있어라.
- 선생님들의 말씀을 들어라.
- 손을 ⓒ 들고 말해라.
- 수업에 ⓓ 지각하지 마라.

☞ 지문 살펴보기

In the Classroom
교실에서

① 1. Be ready to learn.
   1. 배울 준비를 해라.

② - You should bring your books.
   너는 네 책들을 가져와야 한다.

③ 2. Be kind.
   2. 친절해라.

④ - You should help others.
   너는 다른 사람들을 도와야 한다.

주요 어휘

classroom	교실
ready	준비가 된
learn	배우다
bring	가져오다
kind	친절한
others	다른 사람들

⑤ 3. Listen to your teachers.
　　3. 네 선생님들의 말씀을 들어라.

⑥ - You should not fall asleep.
　　너는 잠들지 말아야 한다.

⑦ 4. Raise your hand and speak.
　　4. 손을 들고 말해라.

⑧ - You should not shout answers.
　　너는 답을 외치지 말아야 한다.

⑨ 5. Come to class on time.
　　5. 제시간에 수업에 와라.

⑩ - You should not be late.
　　너는 늦지 말아야 한다.

⑪ Follow the rules.
　　규칙들을 지켜라.

fall asleep	잠들다
raise	들어 올리다
speak	말하다
shout	외치다, 소리 지르다
answer	답
on time	제시간에, 정각에
late	늦은, 지각한
follow	따르다
rule	규칙

● 주요 문장 확인하기

① **Be *ready to* learn.**
　→ 〈동사원형 ~〉은 '~해라'라는 의미의 명령문이다. 여기서는 be동사의 동사원형인 be가 온다.
　→ 〈be ready+to+동사원형〉은 '~할 준비가 되다'라는 의미이다.

② You **should** bring your books.
　→ 〈should+동사원형〉은 '~해야 한다'라는 의미로 의무를 나타낸다.

⑦ Raise your hand **and** speak.
　동사1　　목적어1　　　　동사2
　→ and로 동사 Raise와 speak이 연결되었다.

Wrap Up | Unit 07-08　　　　pp.47 – 48

A 1 (C)　　2 (A)　　3 (B)

B 1 join　　2 miss　　3 answer　　4 rule

C 1 learn　　2 travel　　3 help　　4 late

D 1 You can borrow　　2 You should study　　3 You can stay here
　　4 You should not run

A Day at the Mart

pp.49 – 52

p.49 **Look UP**	**B** **1** Stop	**2** tonight		**3** get
p.51 **Check UP**	**1** ②	**2** (a) ○ (b) ✕		**3** ③
p.51 **Check the Pattern**	**1** 산다	**2** 우리는 양파와 토마토를 산다		
p.52 **Pattern UP**	**1** We get grapes	**2** We get fish		**3** We get carrots
p.52 **Sum UP**	**a** push	**b** cheese	**c** stop	**d** pick up

Check UP

1 글쓴이 '나'와 엄마가 함께 마트에서 장을 보는 이야기이므로 정답은 ②이다.

2 (a) '나'와 엄마가 카트를 끌고 먼저 멈춰서 산 것은 닭고기이므로(We push a cart and stop. We get chicken for tonight.) 글의 내용과 맞다.

(b) 엄마가 간식을 사도 된다고 하고, '나'는 내가 가장 좋아하는 쿠키를 집는다고(Mom says yes. I pick up my favorite cookies.) 했으므로 글의 내용과 틀리다.

3 '나'와 엄마는 토마토와(We get onions and tomatoes.) 버터를(We get milk, butter, and cheese.) 산다고 했다. 버섯을 산다는 내용은 글에 없으므로 정답은 ③이다.

Sum UP

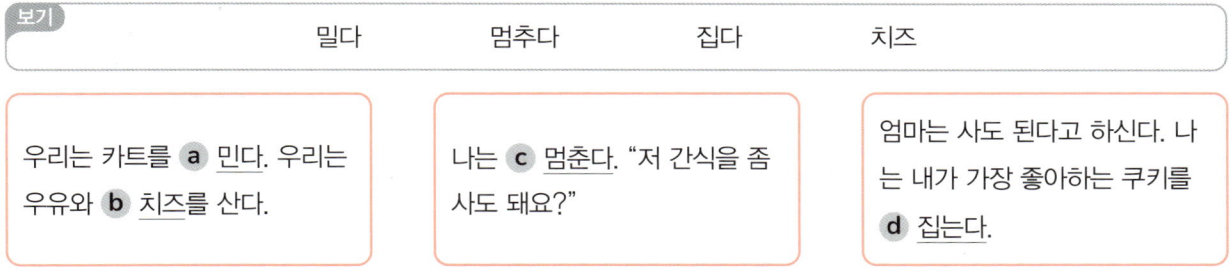

보기

	밀다	멈추다	집다	치즈

우리는 카트를 **a** 민다. 우리는 우유와 **b** 치즈를 산다.

나는 **c** 멈춘다. "저 간식을 좀 사도 돼요?"

엄마는 사도 된다고 하신다. 나는 내가 가장 좋아하는 쿠키를 **d** 집는다.

🌀 지문 살펴보기

A Day at the Mart
마트에서의 하루

① Mom and I go to the mart.
엄마와 나는 마트에 가요.

② We push a cart and stop.
우리는 카트를 밀고 멈춰요.

주요 어휘

mart	마트, 슈퍼마켓
push	밀다
cart	카트
stop	멈추다

3 We get chicken for tonight.
우리는 오늘 밤을 위해 닭고기를 사요.

4 We push the cart and stop.
우리는 카트를 밀고 멈춰요.

5 We get onions and tomatoes.
우리는 양파들과 토마토들을 사요.

6 We push the cart and stop.
우리는 카트를 밀고 멈춰요.

7 We get milk, butter, and cheese.
우리는 우유, 버터, 그리고 치즈를 사요.

8 We push the cart again, and then I stop.
우리는 카트를 다시 밀고, 그러고 나서 나는 멈춰요.

9 "Can I get some snacks?"
"저 간식을 좀 사도 돼요?"

10 Mom says yes.
엄마는 그렇게 하라고[사도 된다고] 말씀하세요.

11 I pick up my favorite cookies.
나는 내가 가장 좋아하는 쿠키를 집어요.

get	얻다, 구하다
chicken	닭고기
tonight	오늘 밤
onion	양파
tomato	토마토
butter	버터
cheese	치즈
snack	간식
pick up	집다, 들어 올리다
favorite	가장 좋아하는
cookie	쿠키

● 주요 문장 확인하기

7 We get <u>milk</u>, <u>butter</u>, **and** <u>cheese</u>.
　　　　　목적어1　　목적어2　　　　목적어3
→ 비슷한 내용을 3개 이상 연결할 때는 콤마(,)를 넣고 마지막 단어 앞에 and를 사용한다.

8 <u>We</u> <u>push</u> <u>the cart</u> again, **and** then <u>I</u> <u>stop</u>.
　주어1 동사1　목적어1　　　　　　　　주어2 동사2
→ 두 개의 문장이 and로 연결되었다.

9 "**Can I** get some snacks?"
→ 여기서 〈Can I+동사원형 ～?〉은 '제가 ～해도 될까요?'라는 의미로, 허락을 구하는 표현이다.

1 0	**Yard Sale**		pp.53 – 56
p.53 **Look UP**	**B** **1** sell	**2** yard	**3** visit
p.55 **Check UP**	**1** ②	**2** (a) ○ (b) ○	**3** ③
p.55 **Check the Pattern**	**1** 방문하니		**2** 즐기니
p.56 **Pattern UP**	**1** Do you exercise **3** Do you have a pet		**2** Do you like ice cream
p.56 **Sum UP**	a markets	b sell	c save d find

Check UP

1 yard sale의 특징과 장점에 대해 설명하는 글이므로 정답은 ②이다.

2 (a) yard sale은 집주인이 자신의 마당에서 물건을 파는 것이라고(The home owner sells many things.) 했다.
(b) yard sale의 물건들은 중고이고 값이 싸다고(They are used. They are cheap, too.) 했으므로 글의 내용과 맞다.

3 밑줄 친 문장은 '때때로, 그들은 보물들을 발견할 수 있다.'라는 의미이다. yard sale에서 파는 물건들이 대부분 중고이고 값이 저렴하지만, 간혹 예상하지 못하게 귀중한 물건을 발견할 수 있다는 것을 나타내므로 정답은 ③이다.

Sum UP

| 보기 | 절약하다 | 팔다 | 발견하다 | 시장 |

Yard Sale —

그것들은 작은 **a** 시장 같다.

집주인은 중고 물건을 **b** 판다.

사람들은 돈을 **c** 절약할 수 있다.

사람들은 때때로 보물들을 **d** 발견할 수 있다.

🖉 지문 살펴보기

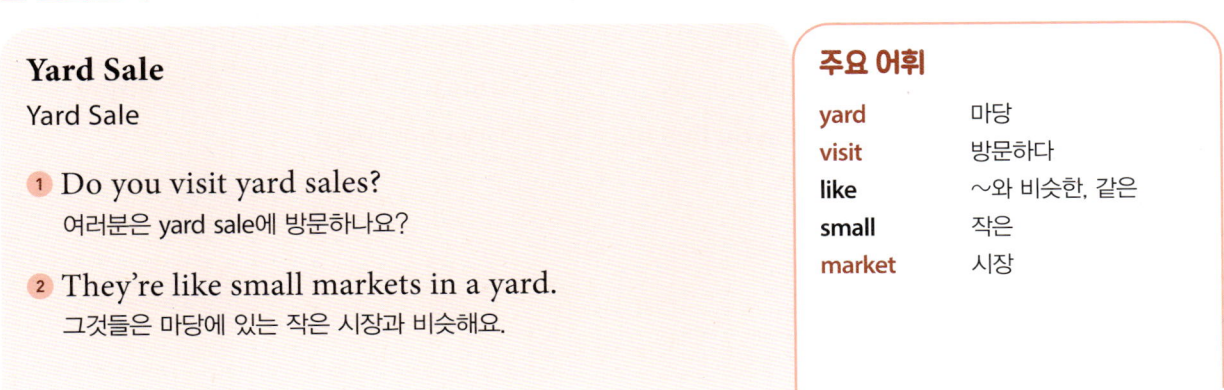

Yard Sale
Yard Sale

① Do you visit yard sales?
여러분은 yard sale에 방문하나요?

② They're like small markets in a yard.
그것들은 마당에 있는 작은 시장과 비슷해요.

주요 어휘

yard	마당
visit	방문하다
like	~와 비슷한, 같은
small	작은
market	시장

Unit 10 **19**

3 The home owner sells many things.
집주인은 많은 것들을 팔아요.

4 But they are not new.
하지만 그것들은 새것이 아니에요.

5 They are used.
그것들은 중고예요.

6 They are cheap, too.
그것들은 값이 싸기도 해요.

7 Do you enjoy yard sales?
여러분은 yard sale을 즐기나요?

8 Many people do.
많은 사람들은 그래요.

9 They can save money.
그들은 돈을 절약할 수 있어요.

10 Sometimes, they can find treasures.
때때로, 그들은 보물들을 발견할 수 있어요.

owner	주인, 소유자
sell	팔다
many	많은
new	새로운
used	중고의
cheap	값이 싼, 저렴한
enjoy	즐기다
save	절약하다, 아끼다
money	돈
find	발견하다, 찾다
treasure	보물

● **주요 문장 확인하기**

2 They're **like** small markets in a yard.
→ 여기서 like는 '~와 비슷한, 같은'이라는 의미이다.

8 Many people **do**.
→ 여기서 do는 앞 문장의 동사를 반복하지 않기 위해 대신 사용했다. 'Many people enjoy yard sales.'로 바꿔 쓸 수 있다.

Wrap Up | Unit 09-10   pp.57 – 58

A 1 (B)   2 (A)   3 (C)

B 1 Push   2 onions   3 cheap   4 sell

C 1 tomatoes   2 milk   3 visit   4 enjoy

D 1 We get tickets   2 Do you live here   3 We get bread
    4 Do you play games

p.59 **Look UP**	**B** 1 playground	2 sit	3 cool
p.61 **Check UP**	1 ②	2 (a) ○ (b) ○	3 a hot b sit
p.61 **Check the Pattern**	1 갈 수 없다	2 나는 잠을 잘 수 없다	
p.62 **Pattern UP**	1 I can't jump	2 I can't play soccer	3 I can't see
p.62 **Sum UP**	a under	b cool	c sleep d open

Check UP

1 더운 여름날의 낮과 밤에 '내'가 한 일에 대한 이야기이므로 정답은 ②이다.

2 (a) 낮에는 더워서 놀이터에 갈 수 없다고(Summer days are hot. I can't go to the playground.) 했다.

(b) 밤에는 더워서 창문을 열었지만, 뜨거운 바람이 불어 '나'를 시원하게 하지 않는다고(But a hot breeze blows in. It doesn't keep me cool.) 했다.

Sum UP

| 보기 | 시원한 | 열다 | (잠을) 자다 | ~ 아래에 |

| 여름의 낮은 덥다. | 여름밤은 덥다. |

나는 놀이터에 갈 수 없다.
그래서 나는 나무 a 아래에 앉는다.
그것은 나를 b 시원하게 한다.

나는 c 잠을 잘 수 없다.
그래서 나는 창문을 d 연다.
하지만 그것은 나를 시원하게 하지 않는다.

● 지문 살펴보기

Hot Summer
더운 여름

1 Summer days are hot.
여름의 낮은 더워요.

2 I can't go to the playground.
나는 놀이터에 갈 수 없어요.

3 The slide is too hot.
미끄럼틀이 너무 뜨거워요.

주요 어휘

day	1. 낮 2. 하루
playground	놀이터
slide	미끄럼틀

④ So I sit under a tree.
그래서 나는 나무 아래에 앉아요.

⑤ It keeps me cool.
그것은 날 시원하게 해줘요.

⑥ Summer nights are hot.
여름밤은 더워요.

⑦ I can't sleep.
나는 잠을 잘 수 없어요.

⑧ So I open the window.
그래서 나는 창문을 열어요.

⑨ But a hot breeze blows in.
하지만 뜨거운 바람이 불어와요.

⑩ It doesn't keep me cool.
그것은 날 시원하게 하지 않아요.

sit	앉다
under	~ 아래에
keep	유지하다, 계속 ~하게 하다
cool	시원한
hot	더운, 뜨거운
night	밤
sleep	(잠을) 자다
open	열다
window	창문
breeze	산들바람, 미풍
blow	불다

● **주요 문장 확인하기**

② I **can't** go to the playground.
→ 〈can't+동사원형〉은 '~할 수 없다'라는 의미이며, can't는 cannot을 줄인 말이다.

⑤ It **keeps** me cool.
→ 〈keep+목적어+형용사〉는 '~을 …한 상태로 유지하다'를 의미한다.

12 Fun Summer

p.63 Look UP	B 1 careful	2 enough	3 exciting
p.65 Check UP	1 ③	2 ①	3 a careful b safe
p.65 Check the Pattern	1 조심해라[조심해]	2 너무 깊이 수영하지 마라	
p.66 Pattern UP	1 Brush your teeth 3 Be kind to your friends	2 Don't skip breakfast	
p.66 Sum UP	a safe b enough	c water d swim	

1 여름을 즐길 때의 주의 사항에 대해 설명하는 내용이므로 정답은 ③이다.

2 햇볕에서 놀 때 모자를 쓰고 물을 충분히 마시라고(Wear a hat in the sun. Drink enough water.) 했으므로 정답은 ①이다. 여름에 충분한 물을 마셔야 하고 물에서 구명조끼를 입어야 한다고는 했지만, 그 이유에 대한 내용은 글에 없다.

Sum UP

보기				
	물	충분한	안전한	수영하다

a 안전하게 지내고 여름을 즐겨라.

- 햇볕에서 모자를 써라.
- **b** 충분한 물을 마셔라.

- **c** 물속에서 구명조끼를 입어라.
- 너무 깊이 **d** 수영하지 마라.

☞ 지문 살펴보기

Fun Summer
재미있는 여름

① Summer is fun.
여름은 재미있어요.

② You can play in the sun.
여러분은 햇볕에서 놀 수 있어요.

③ But be careful.
하지만 조심하세요.

④ Wear a hat in the sun.
햇볕에서 모자를 쓰세요.

⑤ Drink enough water.
물을 충분히 마시세요.

⑥ Summer is exciting.
여름은 신나요.

⑦ You can play in the water, too.
여러분은 물속에서도 놀 수 있어요.

⑧ But be careful.
하지만 조심하세요.

⑨ Wear a life jacket in the water.
물속에서 구명조끼를 입으세요.

주요 어휘

fun	재미있는
play	놀다
sun	햇볕, 햇빛
careful	조심하는
wear	(옷 등을) 입다, 신다, 쓰다
drink	마시다
enough	충분한
exciting	신나는, 흥미진진한
life jacket	구명조끼

10 Don't swim too deep.
너무 깊이 수영하지 마세요.

11 Be safe and enjoy summer!
안전하게 지내고 여름을 즐기세요!

swim	수영하다
deep	깊이, 깊게
safe	안전한

🔴 주요 문장 확인하기

3 But **be** careful.
→ 〈동사원형 ~〉은 '~해라'라는 의미의 명령문이다. 여기서는 be동사의 동사원형인 be가 왔다.

10 **Don't** swim too deep.
→ 〈Don't+동사원형 ~〉은 '~하지 마라'라는 의미의 부정 명령문이다.

Wrap Up | Unit 11-12   pp.67 – 68

A	1 (A)	2 (C)	3 (B)	
B	1 slide	2 fun	3 deep	4 safe
C	1 playground	2 sleep	3 Wear	4 Be
D	1 Don't walk	2 I can't watch TV	3 Be quiet	4 I can't wear a hat

13 Colorful Flowers   pp.69 – 72

p.69 **Look UP**	**B** 1 weak	2 water	3 colorful	
p.71 **Check UP**	1 ②	2 (a) ✕ (b) ◯ (c) ✕	3 ⓐ grow ⓑ colorful	
p.71 **Check the Pattern**	1 그것들은 빛나 보인다		2 그것들은 작고 약해 보인다	
p.72 **Pattern UP**	1 They look fresh		2 They look upset	
	3 They look old			
p.72 **Sum UP**	ⓐ buildings	ⓑ gray	ⓒ strong	ⓓ colorful

Check UP

1 작고 약한 꽃들이 어두운 도시에 불러온 변화에 대한 이야기이므로 정답은 ②이다.

2 (a) 도시는 색이 없어 어두워 보인다고(But I don't see colors. The city looks gray.) 했으므로 글의 내용과 틀리다.

(b) '내'가 발견한 꽃은 작고 약하다고(They look small and weak.) 했다.

(c) '내'가 매일 물을 주어 꽃들이 자라나고 튼튼해졌다고(They become strong.) 했으므로 글의 내용과 틀리다.

Sum UP

| 튼튼한 | 어두운 | 알록달록한 | 건물들 |

나는 높은 **a** 건물들을 본다. 나는 어떤 색도 보이지 않는다. 도시는 **b** 어두워 보인다.

→

꽃들은 **c** 튼튼해지고 알록달록해진다. 나는 더 많은 꽃을 본다. 도시는 **d** 알록달록해 보인다.

● 지문 살펴보기

Colorful Flowers
알록달록한 꽃

① I see tall buildings.
나는 높은 건물들을 봐요.

② They look shiny.
그것들은 빛나 보여요.

③ But I don't see any colors.
하지만 나는 어떤 색도 보이지 않아요.

④ The city looks gray.
도시는 어두워 보여요.

⑤ I walk and find flowers.
나는 걷고 꽃을 찾아요.

⑥ They look small and weak.
그것들은 작고 약해 보여요.

⑦ I water them every day.
나는 매일 그것들에게 물을 줘요.

⑧ They grow.
그것들은 자라나요.

⑨ They become strong.
그것들은 튼튼해져요.

⑩ They become colorful.
그것들은 알록달록해져요.

⑪ I see more flowers now.
나는 이제 더 많은 꽃을 봐요.

⑫ The city looks colorful.
도시는 알록달록해 보여요.

주요 어휘

colorful	알록달록한
flower	꽃
tall	높은
building	건물
look	~해 보이다
shiny	빛나는
see	보다, 보이다
color	색
city	도시
gray	1. 어두운 2. 회색의
find	찾다, 발견하다
weak	약한
strong	튼튼한, 강한
water	물을 주다
grow	자라다, 성장하다
become	~해지다, ~이 되다

주요 문장 확인하기

6 <u>They</u> <u>look</u> <u>small</u> **and** <u>weak</u>.
　주어　동사　보어1　　　보어2

➜ 형용사 small과 weak는 and로 연결되어 있으며 주어 They를 보충 설명한다.

9 <u>They</u> **become** <u>strong</u>.
　주어　　　동사　　　보어

➜ 〈become+형용사〉는 '~해지다'라는 의미이다.

14 Arctic Foxes

pp.73 – 76

p.73 **Look UP**	**B 1** fur	**2** hide	**3** stay
p.75 **Check UP**	**1** ②	**2** (a) ○ (b) ×	**3** ⓐ hide ⓑ grass
p.75 **Check the Pattern**	**1** 있다	**2** 시원하게 있다	
p.76 **Pattern UP**	**1** They stay close　　**3** They stay active	**2** They stay clean	
p.76 **Sum UP**	ⓐ white　　ⓑ snow	ⓒ summer　　ⓓ hide	

Check UP

1 계절에 따라 달라지는 북극여우의 털에 대해 설명하는 내용이므로 정답은 ②이다.

2 (a) 북극여우는 겨울에는 털이 길고(Their fur is long and thick.) 여름에는 털이 짧다고(Their fur is short and thin.) 했다.

(b) 북극여우는 여름에 털의 숱이 적다고(Their fur is short and thin.) 했으므로 글의 내용과 틀리다.

Sum UP

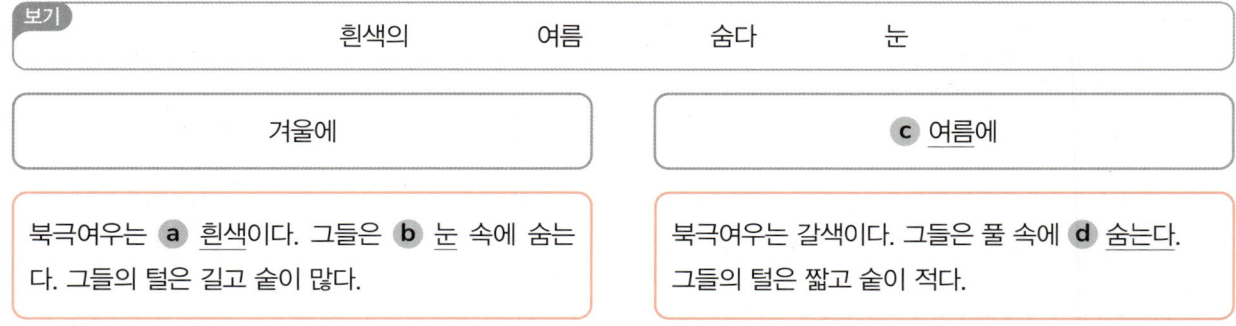

보기　　흰색의　　여름　　숨다　　눈

겨울에	ⓒ 여름에
북극여우는 ⓐ 흰색이다. 그들은 ⓑ 눈 속에 숨는다. 그들의 털은 길고 숱이 많다.	북극여우는 갈색이다. 그들은 풀 속에 ⓓ 숨는다. 그들의 털은 짧고 숱이 적다.

Arctic Foxes
북극여우

① Arctic foxes change color.
북극여우는 색이 변해요.

② They're white in winter.
그들은 겨울에 흰색이에요.

③ They can hide in the snow.
그들은 눈 속에 숨을 수 있어요.

④ Their fur is long and thick.
그들의 털은 길고 숱이 많아요.

⑤ So they stay warm.
그래서 그들은 따뜻하게 지내요.

⑥ In summer, they're brown.
여름에 그들은 갈색이에요.

⑦ They can hide in the grass.
그들은 풀 속에 숨을 수 있어요.

⑧ Their fur is short and thin.
그들의 털은 짧고 숱이 적어요.

⑨ So they stay cool.
그래서 그들은 시원하게 지내요.

주요 어휘

Arctic	북극의
Arctic fox	북극여우
change	바꾸다, 변하다
winter	겨울
hide	숨다
snow	눈
fur	털
long	긴
short	짧은
thick	두꺼운, 숱이 많은
thin	얇은, 숱이 적은
stay	~인 채로 있다, 머무르다
warm	따뜻한
grass	풀

● 주요 문장 확인하기

② They're white **in** winter.
→ 계절을 나타내는 말 앞에는 전치사 in이 온다.

Wrap Up | Unit 13-14   pp.77 – 78

A 1 (C)   2 (A)   3 (B)

B 1 shiny   2 grow   3 change   4 grass

C 1 warm   2 cool   3 shiny   4 small

D 1 They stay calm   2 They look strong
    3 They stay awake   4 They look angry

15 Colors of the Sky

p.79 **Look UP**	**B** 1 paint	2 watch	3 again
p.81 **Check UP**	1 ②	2 (a) ○ (b) ×	3 ③
p.81 **Check the Pattern**	1 하늘을 그리기를 원한다[그리고 싶다]		2 의사가 되기를 원한다[되고 싶다]
p.82 **Pattern UP**	1 She wants to dance 3 He wants to play the guitar		2 She wants to make a cake
p.82 **Sum UP**	ⓐ paint	ⓑ changes	ⓒ mixes	ⓓ perfect

Check UP

1 Mia가 해가 지는 모습에 영감을 얻어 여러 색이 가득한 완벽한 하늘을 그린 이야기이므로 정답은 ②이다.

2 (a) Mia는 파란색을 가지고 있지 않다고(She has no blue color.) 했다.
   (b) Mia는 하늘을 보고 있었고, 그때 해가 진다고(Later, Mia watches the sky. The Sun goes down.) 했으므로 글의 내용과 틀리다.

3 Mia는 해가 지면서 하늘이 빨간색, 주황색, 그리고 분홍색으로 변하는 것을(The sky changes to red, orange, and pink.) 보고, 여러 색을 섞어 완벽한 하늘을 그린다고 했으므로 정답은 ③이다.

Sum UP

보기	바꾸다	섞다	(물감으로) 그리다	완벽한

Mia는 하늘을 ⓐ 그릴 수 없다. 그녀는 파란색이 없다.

해가 진다. 하늘은 색을 ⓑ 바꾼다.

Mia는 색을 ⓒ 섞는다. 그녀는 ⓓ 완벽한 하늘을 그린다.

● 지문 살펴보기

Colors of the Sky
하늘의 색

① Mia is upset.
  Mia는 속상해요.

② She wants to paint the sky.
  그녀는 하늘을 그리고 싶어요.

③ But she can't.
  하지만 그녀는 그럴 수 없어요.

주요 어휘

upset	속상한
want	원하다, ~하고 싶다
paint	(물감으로) 그리다

4 She has no blue color.
그녀는 파란색이 없어요.

5 Later, Mia watches the sky.
이후, Mia는 하늘을 봐요.

6 The Sun goes down.
해가 져요.

7 The sky changes to red, orange, and pink.
하늘은 빨간색, 주황색, 그리고 분홍색으로 변해요.

8 She wants to paint the sky again.
그녀는 하늘을 다시 그리고 싶어요.

9 She mixes colors.
그녀는 색을 섞어요.

10 She paints a perfect sky.
그녀는 완벽한 하늘을 그려요.

watch	보다, 지켜보다
sun	1. 해, 태양
	2. 햇볕, 햇빛
go down	(해가) 지다
again	다시, 한 번 더
mix	섞다
perfect	완벽한

● **주요 문장 확인하기**

4 She has **no** blue color.
→ no는 '~이 없는'의 의미로 문장 전체를 부정한다.

7 The sky changes to red, orange, **and** pink.
→ 비슷한 내용을 3개 이상 연결할 때는 콤마(,)를 넣고 마지막 단어 앞에 and를 사용한다.

16 Red and Yellow

pp.83 – 86

p.83 **Look UP**	**B** 1 comfortable	2 restaurant	3 These
p.85 **Check UP**	1 ③ 2 (a) ○ (b) ✕	3 ⓐ sign ⓑ yellow	
p.85 **Check the Pattern**	1 우리는 배고픈 기분이 든다	2 우리는 편안한 기분이 든다	
p.86 **Pattern UP**	1 We feel excited 3 We feel worried	2 We feel strong	
p.86 **Sum UP**	ⓐ signs ⓑ hungry	ⓒ comfortable ⓓ visit	

Check UP

1 패스트푸드점 간판에 빨간색과 노란색이 쓰이는 이유에 대해 설명하는 글이므로 정답은 ③이다.

2 (a) 노란색은 우리를 편안한 기분이 들게 해준다고(When we see yellow, we feel comfortable.) 했으므로 글의 내용과 맞다.

　(b) 패스트푸드점 간판의 빨간색과 노란색을 보면 그곳에 방문해서 음식을 먹고 싶어질 수 있다고(You may want to visit and eat!) 했으므로 글의 내용과 틀리다.

Sum UP

보기				
	배고픈	간판	방문하다	편안한

패스트푸드점은 **a** 간판에 빨간색과 노란색을 사용한다. 우리는 빨간색을 볼 때, **b** 배고픈 기분이 든다. 우리는 노란색을 볼 때, **c** 편안한 기분이 든다. 이 색깔들 때문에, 여러분은 아마 **d** 방문해 음식을 먹고 싶을 것이다.

● 지문 살펴보기

Red and Yellow
빨간색과 노란색

 Look around you.
여러분 주위를 둘러보세요.

② **You may see a fast food restaurant.**
여러분은 패스트푸드점을 볼지도 몰라요.

③ **Its sign may have the colors red and yellow.**
그것의 간판은 빨간색과 노란색이 아마 있을 거예요.

④ **Why these colors?**
왜 이 색깔들일까요?

⑤ **When we see red, we feel hungry.**
우리는 빨간색을 볼 때, 배가 고파요.

⑥ **When we see yellow, we feel comfortable.**
우리는 노란색을 볼 때, 편안해요.

⑦ **So look at the colors.**
그러므로 그 색깔들을 보세요.

⑧ **You may want to visit and eat!**
여러분은 아마 방문해 음식을 먹고 싶을 거예요!

주요 어휘

around	~ 주위에, 주변에
look around	둘러보다
may	~일지도 모른다, 아마 ~일 것이다
restaurant	음식점, 식당
sign	간판, 표지판
these	이 ~, 이것들의
feel	느끼다, ~한 기분이 들다
hungry	배고픈
comfortable	편안한
visit	방문하다
eat	(음식을) 먹다, 식사를 하다

③ Its sign **may** have the colors red and yellow.

→ 〈may+동사원형〉은 '~일지도 모른다, 아마 ~일 것이다'라는 의미로 추측을 나타낸다.

⑤ **When** <u>we</u> <u>see</u> red, <u>we</u> <u>feel</u> hungry.
　　　　주어 동사　　주어 동사

→ when은 '~할 때'라는 의미로 문장과 문장을 연결해 주는 접속사이다.

⑧ <u>You</u> <u>may want</u> ***to visit*** and ***(to) eat***.
　주어　　동사　　목적어1　　목적어2

→ and로 to visit과 eat이 연결되었고, 중복을 피하기 위해 eat 앞에 to가 생략되었다.

→ to visit and eat은 '방문하고 음식을 먹는 것'으로 해석하며, 동사 may want의 목적어이다.

Wrap Up | Unit 15-16　　　　　　　　　　　　　pp.87 – 88

A	1 (C)	2 (B)	3 (A)	
B	1 restaurant	2 want	3 again	4 sign
C	1 hungry	2 comfortable	3 paint	4 be
D	1 We feel safe	2 We feel scared	3 He wants to eat pizza	
	4 She wants to go fishing			

왓츠 리딩
What's Reading

Words
30|40

• 정답과 해설 •
WORKBOOK

01 Summer Fruit pp.02 – 03

A
1 inside – 안에, 안쪽에
2 sweet – 달콤한
3 perfect – 완벽한

B
1 se__e__d   2 h__e__althy
3 lar__g__e   4 out__s__ide

c	h	h	w	f	n	f	a	l	x
w	f	e	v	t	z	t	u	a	i
b	t	n	a	c	y	k	g	r	l
j	v	o	l	l	g	o	t	g	p
h	z	b	u	n	t	t	v	e	l
s	e	e	d	t	t	h	k	q	a
t	r	n	v	c	s	k	y	m	h
p	z	s	g	w	m	i	q	y	y
c	k	n	m	d	l	j	d	o	t
u	a	v	f	d	v	g	e	e	b

C
1 It's purple
2 It's sweet
3 It's very soft
4 It's very small

D
1 This is a large fruit
2 It has brown seeds, too
3 You eat it in summer

02 A Sweet Summer Snack pp.04 – 05

A
1 cut – 자르다
2 add – 더하다, 추가하다
3 put – 놓다, 두다

B
1 b__o__wl   2 b__r__ing
3 rea__d__y   4 mil__k__

q	p	n	f	c	k	b	m	x	b
m	o	z	r	r	z	w	e	d	o
i	y	u	d	e	b	r	d	k	w
l	j	u	k	a	a	y	d	p	l
k	v	k	e	e	f	d	o	n	q
y	p	r	d	c	b	t	y	t	x
e	k	o	d	b	q	m	c	h	u
a	z	m	r	y	n	k	p	n	u
y	c	x	j	f	x	m	i	p	d
b	v	b	r	i	n	g	e	g	c

C
1 We put the apples in the cart
2 We put the cookies in the jar
3 We put the chairs in the room
4 We put the butter in the pan

D
1 Mom cuts a watermelon
2 She mixes everything
3 Now, our Hwachae is ready

WORKBOOK **33**

 **A Day with My Family** pp.06 – 07

A 1 **table** - 테이블, 식탁

2 **dessert** - 디저트, 후식

3 **clean** - 청소하다, 닦다

B 1 lunch   2 kitchen

3 hungry   4 noon

q	e	u	l	u	b	v	o	o	v
e	h	t	b	m	l	w	a	k	v
n	u	u	p	t	p	o	q	i	b
o	e	c	n	b	x	a	o	t	n
o	e	o	d	g	t	m	b	c	y
n	l	s	s	r	r	y	v	h	q
d	f	u	j	w	a	y	r	e	n
l	o	g	n	d	p	p	t	n	h
w	m	p	i	c	l	p	u	t	e
j	i	l	m	t	h	m	y	v	h

C 1 It's 10 o'clock

2 It's sunny today

3 It's Friday afternoon

4 It's June 5th today

D 1 I clean my bedroom

2 Everyone is hungry

3 Dad makes pizza for lunch

 **A Family Meal** pp.08 – 09

A 1 **vegetable** - 채소

2 **talk** - 말하다, 이야기하다

3 **meal** - 식사, 끼니

B 1 cook   2 together

3 less   4 happy

v	t	f	l	j	t	z	a	q	z
r	w	s	a	h	u	f	j	d	l
i	t	q	o	x	d	l	c	b	u
x	r	o	x	i	m	v	s	b	c
y	s	l	g	p	m	y	a	d	o
b	a	e	y	e	i	j	h	v	o
p	h	s	y	j	t	z	x	q	k
f	b	s	q	z	k	h	p	u	i
h	d	h	a	p	p	y	e	b	u
j	q	k	m	q	g	o	i	r	a

C 1 We learn together

2 We sing together

3 We play soccer together

4 We go to school together

D 1 A family meal is good for us

2 We eat less fast food and soda

3 We are happy together

5 My Best Friends · pp.10 – 11

A 1 wear - (옷 등을) 입다, 신다, 쓰다

2 glasses - 안경

3 friend - 친구

B 1 hair   2 like

3 short   4 blond

f	b	n	n	l	o	d	o	b	i
s	l	k	h	a	i	r	n	m	u
r	o	z	s	a	s	k	j	t	j
u	n	w	n	j	h	k	e	t	o
r	d	t	j	i	o	k	j	t	z
e	r	z	d	z	r	y	b	w	l
h	y	a	d	v	t	l	y	v	f
z	g	n	f	c	i	m	b	w	r
n	s	k	v	r	s	a	r	j	q
q	v	f	r	j	c	k	y	d	t

C 1 He has big feet

2 She has small hands

3 He has beautiful eyes

4 She has a new bike

D 1 She has green eyes

2 She wears red glasses

3 But her hair is blond

6 Good Friends · pp.12 – 13

A 1 listen to - 듣다, 귀 기울이다

2 better - 더 좋은, 나은

3 learn - 배우다

B 1 give   2 anything

3 lesson   4 understand

w	d	p	l	k	a	m	l	n	t
m	q	b	e	j	a	y	k	d	e
w	j	p	s	e	n	t	y	r	j
c	g	b	s	f	y	s	g	c	q
f	i	n	o	d	t	r	j	b	f
q	v	g	n	p	h	i	t	k	w
h	e	b	o	p	i	e	v	q	w
g	c	w	p	t	n	e	o	u	x
t	t	j	b	t	g	r	q	h	c
u	n	d	e	r	s	t	a	n	d

C 1 We become quiet

2 We become smarter

3 We become a family

4 We become classmates

D 1 Good friends help with anything

2 They give advice

3 We understand others

7　A Fun Festival
pp.14 – 15

A 　1　between - ~ 사이에

　　2　miss - 놓치다

　　3　taste - 맛보다

B 　1　join　　　2　culture

　　3　travel　　4　festival

```
j  d  c  w  z  c  z  x  k  m
o  e  j  u  a  k  h  j  s  o
i  z  f  s  l  q  u  m  r  z
n  d  x  q  k  t  o  h  d  c
c  k  l  t  j  e  u  g  i  g
g  c  i  b  y  x  q  r  m  h
x  t  s  o  q  y  m  h  e  t
i  i  w  g  z  w  n  d  m  h
f  e  s  t  i  v  a  l  q  i
q  t  r  a  v  e  l  e  g  k
```

C 　1　You can go swimming

　　2　You can ask questions

　　3　You can solve the puzzle

　　4　You can choose blue or red

D 　1　Join us for the Culture Festival

　　2　You can travel around the world

　　3　Don't miss it

8　In the Classroom
pp.16 – 17

A 　1　speak - 말하다

　　2　raise - 들어 올리다

　　3　rule - 규칙

B 　1　late　　　2　follow

　　3　shout　　4　answer

```
d  c  i  f  i  e  w  m  y  k
a  j  o  s  b  p  e  z  s  m
j  l  c  l  h  p  y  s  t  r
t  n  d  a  h  o  z  f  g  b
k  e  r  t  z  n  u  l  m  f
b  c  i  e  g  g  o  t  s  o
d  i  p  q  f  z  a  b  z  l
n  i  o  z  q  i  e  a  y  l
a  n  s  w  e  r  d  i  v  o
c  e  z  e  p  v  l  z  k  w
```

C 　1　You should clean your room

　　2　You should do your best

　　3　You should not open the box

　　4　You should not be rude to others

D 　1　Be ready to learn

　　2　Raise your hand and speak

　　3　Come to class on time

9 A Day at the Mart pp.18–19

A 1 onion – 양파

2 push – 밀다

3 get – 얻다, 구하다

B 1 cart   2 stop

3 snack   4 tonight

a	d	i	k	n	n	w	q	p	v
t	a	w	d	p	k	z	c	t	z
t	h	r	f	y	v	t	q	r	o
s	e	h	t	e	g	z	l	m	d
n	s	r	x	k	o	t	n	a	a
a	a	t	t	d	h	c	f	a	h
c	u	t	o	n	i	g	h	t	s
k	c	f	h	p	p	y	u	w	w
j	n	m	k	e	o	b	d	p	v
w	q	w	h	e	t	l	d	b	n

C 1 We get apples

2 We get some vegetables

3 We get flowers for Mom

4 We get sandwiches for lunch

D 1 Mom and I go to the mart

2 We get chicken for tonight

3 I pick up my favorite cookies

10 Yard Sale pp.20–21

A 1 visit – 방문하다

2 yard – 마당

3 sell – 팔다

B 1 save   2 treasure

3 cheap   4 market

a	g	s	q	u	m	e	h	d	n
m	f	w	k	x	c	e	t	k	a
j	o	s	m	d	k	u	r	r	n
t	q	i	a	q	r	g	e	s	f
s	w	f	r	v	f	g	a	m	c
w	d	x	k	k	e	s	s	g	t
z	v	m	e	u	u	m	u	u	j
k	h	i	t	x	b	m	r	e	h
j	q	j	z	o	p	y	e	j	f
c	h	e	a	p	i	o	g	p	c

C 1 Do you have time

2 Do you know him

3 Do you need help

4 Do you want a cookie

D 1 The home owner sells many things

2 But they are not new

3 Sometimes, they can find treasures

Hot Summer pp.22 – 23

A 1 **sit** - 앉다

2 **blow** - 불다

3 **playground** - 놀이터

B 1 <u>c</u>ool   2 slee<u>p</u>

3 <u>o</u>pen   4 win<u>d</u>ow

u	o	n	l	y	s	v	b	z	p
y	q	p	o	a	u	m	v	v	w
s	f	q	s	l	e	e	p	p	v
x	w	t	l	x	p	f	f	b	i
v	l	i	j	g	c	k	m	k	o
d	n	c	n	f	k	i	d	c	p
u	w	s	l	d	l	i	v	y	e
h	o	s	g	c	o	o	l	u	n
x	n	o	m	o	o	w	x	a	k
e	j	k	d	d	l	q	b	u	p

C 1 I can't dance

2 I can't run fast

3 I can't play the piano

4 I can't hear you

D 1 Summer days are hot

2 So I sit under a tree

3 So I open the window

12 **Fun Summer** pp.24 – 25

A 1 **fun** - 재미있는

2 **careful** - 조심하는

3 **enough** - 충분한

B 1 w<u>e</u>ar   2 s<u>w</u>im

3 dee<u>p</u>   4 saf<u>e</u>

q	y	y	n	k	s	x	x	i	p
d	e	e	p	q	h	w	b	h	h
r	r	q	k	b	v	z	f	d	h
t	s	k	x	o	h	n	f	y	m
g	j	b	l	m	v	s	w	i	m
r	s	s	r	e	u	m	n	q	q
j	b	s	d	y	v	u	s	r	j
y	o	s	y	z	s	h	a	d	u
f	d	u	m	b	w	e	f	k	x
c	j	p	w	b	w	d	e	f	c

C 1 Look at the board

2 Wash your hands

3 Don't worry about it

4 Don't drink that milk

D 1 You can play in the sun

2 Drink enough water

3 Don't swim too deep

13 **Colorful Flowers** pp.26 – 27

A 1 water - 물을 주다

2 become - ~해지다, ~이 되다

3 weak - 약한

B 1 grow   2 strong

3 shiny   4 colorful

d	s	h	i	n	y	s	y	d	k
b	g	v	h	h	i	x	n	y	u
t	r	w	c	l	k	t	v	k	q
p	o	u	o	e	y	e	o	p	x
h	w	m	k	a	b	v	k	x	o
q	a	l	e	p	b	t	g	q	p
g	a	c	o	l	o	r	f	u	l
q	s	j	m	s	j	d	l	b	h
w	n	w	v	s	t	r	o	n	g
p	u	e	w	f	k	v	o	g	x

C 1 They look shy

2 They look busy

3 They look clean

4 They look beautiful

D 1 I see tall buildings

2 They become strong

3 The city looks colorful

 14 **Arctic Foxes** pp.28 – 29

A 1 hide - 숨다

2 grass - 풀

3 change - 바꾸다, 변하다

B 1 stay   2 fur

3 thick   4 winter

m	e	g	x	p	x	q	z	l	y
t	h	g	k	s	w	e	y	u	h
w	j	b	k	t	t	q	a	i	j
i	l	b	t	v	b	a	y	h	j
n	i	e	u	r	y	f	y	l	z
t	y	l	h	n	o	k	o	q	s
e	h	q	q	f	i	s	r	h	m
r	f	i	f	c	l	r	f	w	k
g	v	y	c	n	m	s	u	w	p
k	e	p	r	k	c	z	r	m	h

C 1 They stay safe

2 They stay happy

3 They stay quiet

4 They stay peaceful

D 1 Arctic foxes change color

2 Their fur is long and thick

3 They can hide in the grass

15 Colors of the Sky
pp.30 – 31

A 1 watch - 보다, 지켜보다

2 paint - (물감으로) 그리다

3 go down - (해가) 지다

B 1 want 　　2 upset

3 again 　　4 perfect

o	g	u	x	j	k	a	j	y	g
r	h	a	c	a	f	v	k	h	j
v	y	q	g	b	x	b	d	s	r
s	s	b	d	a	v	w	z	k	q
h	e	a	p	m	i	a	c	a	r
u	v	n	a	w	r	n	f	h	v
u	d	w	c	i	w	t	l	i	s
w	u	x	h	p	n	u	s	w	d
p	s	o	u	p	s	e	t	q	n
p	e	r	f	e	c	t	m	t	l

C 1 She wants to travel

2 He wants to buy new shoes

3 She wants to be brave

4 He wants to help animals

D 1 Later, she watches the sky

2 The sky changes to red

3 She paints a perfect sky

16 Red and Yellow
pp.32 – 33

A 1 restaurant - 음식점, 식당

2 comfortable - 편안한

3 around - ~ 주위에, 주변에

B 1 sign 　　2 feel

3 hungry 　　4 these

l	o	v	a	t	t	d	a	r	z
g	p	e	y	h	u	n	g	r	y
t	u	h	p	e	e	z	x	i	l
k	b	s	k	s	s	a	g	z	p
g	v	i	e	e	e	k	m	b	v
z	l	g	v	e	l	z	q	z	t
e	e	n	j	o	y	d	w	g	a
o	q	h	x	s	v	v	d	t	o
i	c	x	r	y	f	f	e	e	l
d	k	l	e	p	d	n	i	s	v

C 1 We feel lucky

2 We feel warm by the fire

3 We feel tired after school

4 We feel proud of our dad

D 1 Its sign may have the colors red and yellow

2 When we see red, we feel hungry

3 You may want to visit and eat

READING RELAY 한 권으로
영어를 공부하며 국·수·사·과까지 5과목 정복!
리딩릴레이 시리즈

1 각 챕터마다 주요 교과목으로 지문 구성!

우리말 지문으로 배경지식을 읽고, 관련된 영문 지문으로 독해력 키우기

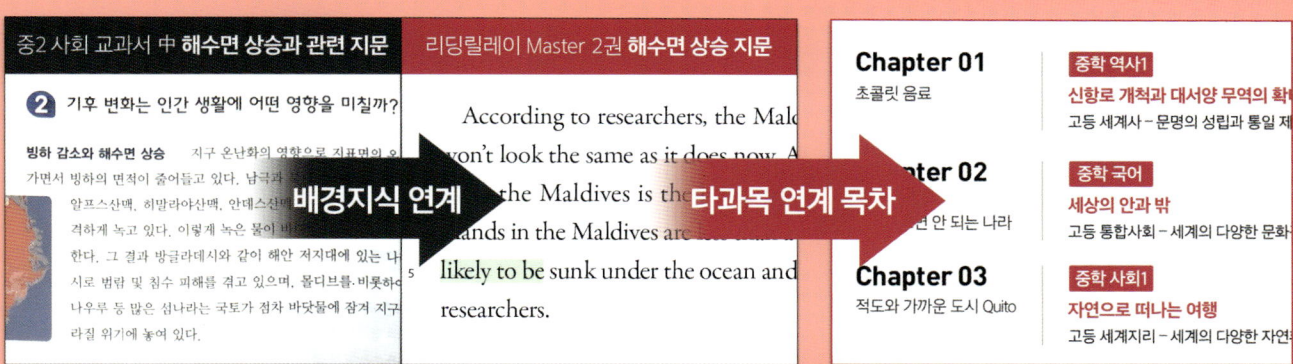

중2 사회 교과서 中 해수면 상승과 관련 지문	리딩릴레이 Master 2권 해수면 상승 지문

배경지식 연계

타과목 연계 목차

Chapter 01	중학 역사1
초콜릿 음료	신항로 개척과 대서양 무역의 확대
	고등 세계사 – 문명의 성립과 통일 제국
Chapter 02	중학 국어
~면 안 되는 나라	세상의 안과 밖
	고등 통합사회 – 세계의 다양한 문화
Chapter 03	중학 사회1
적도와 가까운 도시 Quito	자연으로 떠나는 여행
	고등 세계지리 – 세계의 다양한 자연

2 학년별로 국/영문의 비중을 다르게!

지시문 & 선택지 기준

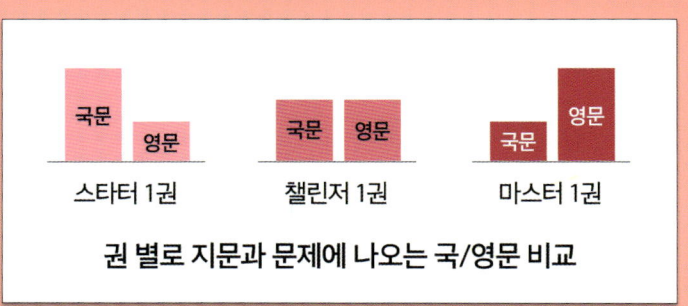

스타터 1권	챌린저 1권	마스터 1권

권 별로 지문과 문제에 나오는 국/영문 비교

3 교육부 지정 필수 어휘 수록!

교육부 지정 중학 필수 어휘	
genius	명 1. 천재 2. 천부의 재능
slip	동 1. 미끄러지다 2. 빠져나가다
compose	동 1. 구성하다, ~의 일부를 이루다 2. 3. 작곡하다
	형 (현재) 살아 있는

쎄듀 초·중등 커리큘럼

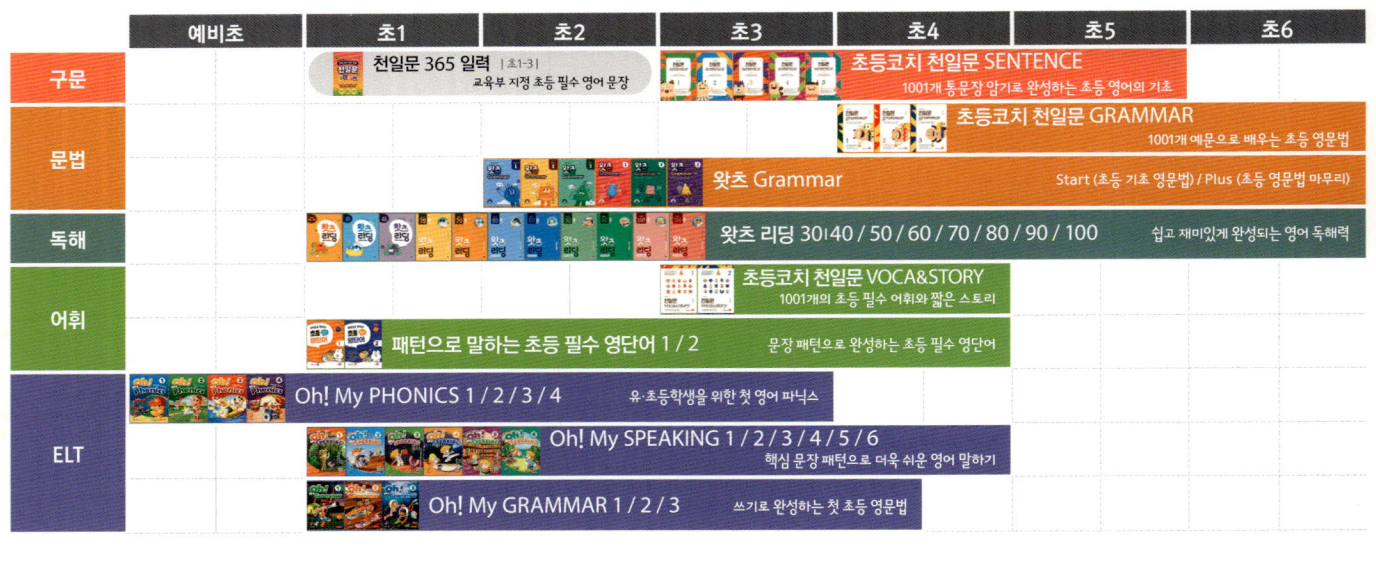

	예비초	초1	초2	초3	초4	초5	초6
구문		천일문 365 일력 |초1-3| 교육부 지정 초등 필수 영어 문장		초등코치 천일문 SENTENCE 1001개 통문장 암기로 완성하는 초등 영어의 기초			
문법				초등코치 천일문 GRAMMAR 1001개 예문으로 배우는 초등 영문법			
			왓츠 Grammar		Start (초등 기초 영문법) / Plus (초등 영문법 마무리)		
독해			왓츠 리딩 30/40 / 50 / 60 / 70 / 80 / 90 / 100		쉽고 재미있게 완성되는 영어 독해력		
어휘				초등코치 천일문 VOCA&STORY 1001개의 초등 필수 어휘와 짧은 스토리			
		패턴으로 말하는 초등 필수 영단어 1 / 2		문장 패턴으로 완성하는 초등 필수 영단어			
ELT	Oh! My PHONICS 1 / 2 / 3 / 4		유·초등학생을 위한 첫 영어 파닉스				
		Oh! My SPEAKING 1 / 2 / 3 / 4 / 5 / 6 핵심 문장 패턴으로 더욱 쉬운 영어 말하기					
		Oh! My GRAMMAR 1 / 2 / 3	쓰기로 완성하는 첫 초등 영문법				

	예비중	중1	중2	중3
구문		천일문 STARTER 1 / 2		중등 필수 구문&문법 총정리
문법		개정 천일문 중등 GRAMMAR LEVEL 1 / 2 / 3		예문 중심 문법 기본서
		GRAMMAR Q Starter 1, 2 / Intermediate 1, 2 / Advanced 1, 2		학기별 문법 기본서
		잘 풀리는 영문법 1 / 2 / 3		문제 중심 문법 적용서
		GRAMMAR PIC 1 / 2 / 3 / 4		이해가 쉬운 도식화된 문법서
			1센치 영문법	1권으로 핵심 문법 정리
문법+어법			첫단추 BASIC 문법·어법편 1 / 2	문법·어법의 기초
문법+쓰기		EGU 영단어&품사 / 문장 형식 / 동사 써먹기 / 문법 써먹기 / 구문 써먹기		서술형 기초 세우기와 문법 다지기
				올씀 1 기본 문장 PATTERN 내신 서술형 기본 문장 학습
쓰기		개정 천일문 중등 WRITING LEVEL 1 / 2 / 3 *거침없이 Writing 개정		중등 교과서 내신 기출 서술형
		중학 영어 쓰작 1 / 2 / 3		중등 교과서 패턴 드릴 서술형
어휘		천일문 VOCA 중등 스타트 / 필수 / 마스터		2800개 중등 3개년 필수 어휘
		어휘끝 중학 필수편	중학 필수어휘 1000개	어휘끝 중학 마스터편 고난도 중학어휘 +고등기초 어휘 1000개
독해	ReadingGraphy LEVEL 1 / 2 / 3 / 4			중등 필수 구문까지 잡는 흥미로운 소재 독해
		Reading Relay Starter 1, 2 / Challenger 1, 2 / Master 1, 2		타교과 연계 배경 지식 독해
		READING Q Starter 1, 2 / Intermediate 1, 2 / Advanced 1, 2		예측/추론/요약 사고력 독해
독해전략			리딩 플랫폼 1 / 2 / 3	논픽션 지문 독해
독해유형			Reading 16 LEVEL 1 / 2 / 3	수능 유형 맛보기 + 내신 대비
			첫단추 BASIC 독해편 1 / 2	수능 유형 독해 입문
듣기	Listening Q 유형편 / 1 / 2 / 3			유형별 듣기 전략 및 실전 대비
		쎄듀 빠르게 중학영어듣기 모의고사 1 / 2 / 3		교육청 듣기평가 대비